Klaus Schöffler

Angekommen

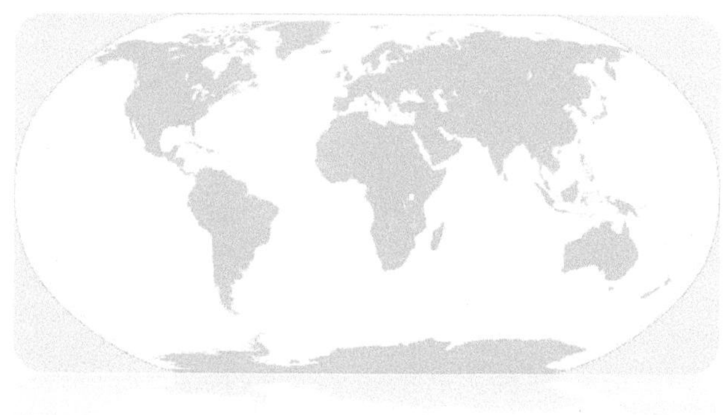

Warum Menschen flüchten und wie es ihnen in Deutschland geht

Klaus Schöffler

Angekommen – Flucht nach Deutschland

Klaus Schöffler

1. Auflage 2021

Herstellung und Verlag:
BoD – Books on Demand, Norderstedt
ISBN: 9783755702221

Klaus Schöffler

Mehr unter:

www.geschichtenberichter.de

Angekommen – Flucht nach Deutschland

Inhalt

Klaus Schöffler

Book Design & Cover by DeinBook2Go

Literatur

Design & Marketing

Klaus Schöffler

Vorwort

Was bewegt Menschen eigentlich dazu, Freunde, Familie und ihre Vergangenheit hinter sich zu lassen? Ihr Leben zu riskieren, die gefährliche Fahrt übers Meer auf sich zu nehmen, am Ende in einem fremden Land zu sein und nicht zu wissen, wie es mit ihnen weitergeht? Diese Fragen interessieren mich schon lange. Aber auch diese: Wie geht es den Menschen, wenn sie hier angekommen sind? Sind sie glücklich? Konnten sie sich ihren Traum erfüllen?

Ich wohne nicht direkt gegenüber einer Flüchtlingsunterkunft, auch habe ich nicht das Gefühl, dass das Land seine Identität verliert, weil ich öfter als noch vor einigen Jahren Menschen auf den Straßen sehe, die anders sprechen und eine dunklere Hautfarbe haben als ich.

Angekommen – Flucht nach Deutschland

Hin und wieder hat mich am Bahnhof der ein oder andere gefragt, ob ich ihm eine Fahrkarte am Automaten holen könnte. Das war lange Zeit der einzige Kontakt, den ich zu Flüchtlingen hatte.

Hier in Deutschland fühlen sich manche Menschen von ihnen bedroht, fürchten um ihr Eigentum oder haben Angst vor dem Fremden. Und dann gibt es diejenigen, die diese Ängste nicht verstehen und oft auch noch verurteilen.

An meinem Geburtstag gratuliert mir Frieda über Facebook. Wir kennen uns schon lange, hatten uns aber für einige Jahre aus den Augen verloren. Sie arbeitet mittlerweile als Sozialarbeiterin in einer Erstaufnahme für geflüchtete Menschen. Als sie über ihre Arbeit spricht, fragt sie mich, ob ich nicht über die Menschen und ihre Geschichten schreiben möchte, schließlich sei Schreiben und spannende Geschichten zu erzählen mein Job. Mir gefällt diese Idee.

Ängste, sagt sie, ließen sich oft leicht abbauen, hätten die unterschiedlichen Kulturen nur mehr Kontakt miteinander und würden mehr voneinander wissen. Nur so könne auch Empathie entstehen. Ich bin sicher, dass sie recht hat. Mir selbst fiel es schwer, mir eine klare Meinung zu bilden, unabhängig von den Bildern, welche die Medien zeigen.

2015 wurden die Menschen an den Bahnhöfen noch mit Geschenken herzlich empfangen, es gab tausende freiwillige Helfer und Ehrenamtliche. Nach der darauffolgenden Silvesternacht hat sich das Bild durch die Ereignisse rund um die Kölner Domplatte innerhalb der Gesellschaft extrem verändert.

Menschen verlassen ihre Heimat aus bestimmten Gründen, zum Beispiel wegen Gewalt oder Verfolgung und suchen deshalb Schutz in einem anderen Land. Offiziell als Flüchtlinge gelten sie, wenn ihre Suche nach Asyl anerkannt wird.

Angekommen – Flucht nach Deutschland

Der Mediendienst Integration, eine Informations-Plattform des „Rats für Migration", empfiehlt, statt „Flüchtling" die Begriffe „Geflüchtete" oder „Schutzsuchende" zu verwenden. [1] Mich interessieren die Gründe, warum Menschen zu Geflüchteten und Schutzsuchenden werden, dabei aber nicht vor Krieg in ihrer Heimat fliehen, sondern aus ganz anderen Gründen. Mich interessieren ihre Geschichten.

Ich möchte sie von den Menschen persönlich erfahren. Ich werde in den nächsten Monaten Geschichten von Armut, Terror, Perspektivlosigkeit, Zwangsprostitution, Verfolgung aufgrund von Sexualität, häuslicher Gewalt oder vom grausamen Ritual der Genitalverstümmelung hören.

Ich habe einen Sozialarbeiter getroffen, der die Flüchtenden als seine Familie betrachtet. Er nennt sie Ankommende.

---

[1] https://www.dw.com/de/glossar-flüchtling-migrant-ausländer/a-49844796

Das Gefühl, angekommen zu sein, hätten die Menschen oft leider nur kurz, sagt er. Meist dann, wenn sie ihren Fuß das erste Mal auf europäische Erde setzen, manche erst, wenn sie endlich in Deutschland sind. Angekommen sind sie meist noch lange nicht. Denn die wenigsten wissen, ob sie bleiben dürfen. Ihre Reise hat oft erst begonnen.

Flucht

Kapitel 1: Noam aus Nigeria

„Ich will nicht, dass meine Kinder hier aufwachsen."

„Zuhause hat sich der Staat nicht um uns gekümmert. Ich wollte nicht, dass meine Kinder dort aufwachsen müssen", sagt Noam. Ich treffe ihn mit seiner Frau und seinen beiden kleinen Kindern in der Fußgängerzone, ganz in der Nähe vom Hauptbahnhof in einer deutschen Großstadt. Beide Mitte 20, modisch gekleidet, den kleinen Sohn an der Hand, die Tochter im Kinderwagen. Frieda hat ihm von mir erzählt. Sie betreute ihn in der Erstaufnahme.

Er war sofort bereit, sich mit mir zu treffen. Wir setzen uns vor ein Café und reden über ihre Flucht aus Nigeria und über ihr Leben hier in Deutschland.

Noam und seine Familie sind die ersten Flüchtenden, die ich treffe. Die Verständigung ist nicht einfach, sie sprechen Nigerianisches Pidgin, wie mir Frieda vor dem Treffen erklärt hat.

Es ist verständlich, ich muss aber ganz genau hinhören. Nigerianisches Pidgin basiert überwiegend auf dem Englischen und wird in Nigeria gesprochen.

Während einige Meter entfernt ein Straßenmusiker auf seinem Saxophon spielt, erzählt mir Noam von seinem Leben in seiner Heimat. Sein Sohn wurde in Nigeria geboren, die jüngere Tochter kam auf der Flucht in Italien zur Welt. Bei Noam waren es nicht Krieg, Verfolgung oder andere politische Gründe, die ihn und seine Familie zu dieser Reise gedrängt haben. Es war Perspektivlosigkeit.

„Ich war dort als Maler angestellt, bis ich meine Arbeit verloren habe", berichtet er. Sein Vater sei Politiker gewesen. Er hat noch einen Bruder. Wo dieser lebt, wisse er nicht.

Nigeria ist das bevölkerungsreichste Land Afrikas und der größte Ölproduzent des Kontinents. Trotz einer wachsenden Wirtschaft lebt ein großer Teil der 170 Millionen Einwohner des westafrikanischen Landes unter der Armutsgrenze. Mehr als ein Drittel der Nigerianer unter 25 Jahren ist ohne Arbeit.

Oft haben sie nicht mehr als einen Euro pro Tag zur Verfügung. Damit leben dort wohl weltweit die meisten Menschen in extremer Armut.

In der Heimat keine Zukunft

Diejenigen, die eine Arbeit bekommen, müssen oft unter extremen Bedingungen schuften. Hinzu kommt eine Geburtenrate von durchschnittlich knapp sechs Kindern pro Frau. Die Bevölkerung wächst rasant und wird im Jahr 2050 laut der UN etwa 400 Mio. Menschen betragen. Mit einem Durchschnittsalter von etwa 18 Jahren ist Nigerias Bevölkerung zudem sehr jung. Von Arbeitslosigkeit und Armut betroffen, verlassen viele das Land in Richtung Europa. So wie Noam und seine Familie.

Die Kinder hätten in Nigeria nicht zur Schule gehen können. Sie hätten keine Perspektive für die Zukunft gehabt. „Deswegen wollte ich nicht, dass meine Kinder hier aufwachsen“, wiederholt er. Die Reise nach Italien sei schwierig gewesen, sagt er. Etwa 400 Menschen drängten sich auf das Boot. Drei Tage dauerte die Überfahrt. „Es war so eng, dass wir nur mit angezogenen Beinen sitzen konnten“, berichtet Noam.

Er hat Menschen ertrinken sehen. Über das, was er gefühlt hat, will er nichts sagen.

Der Weg über das Mittelmeer soll die tödlichste Seeroute der Welt sein, auch wenn immer weniger Menschen diesen Weg wählen. Im Jahr 2016 ertranken über 5.000 Menschen. 2017 starben oder verschwanden laut dem Flüchtlingshilfswerk der Vereinten Nationen (UNHCR) mehr als 3.100 Geflüchtete.[2] Und im Jahr 2018 waren mehr als 2.300 Tote und Vermisste zu beklagen. 2019 fanden 1.327 Menschen den Tod bei der Flucht über das Mittelmeer oder wurden als vermisst gemeldet.

---

[2] https://www.uno-fluechtlingshilfe.de/hilfe-weltweit/mittelmeer/

Müllberge und Ratten

Italien war schlimm für die Familie. Als sie dort ankamen, sahen sie viele andere Geflüchtete, die auf der Straße oder in alten Fabrikgebäuden am Stadtrand lebten. Dort gibt es meist keinen Strom und Warmwasser. „Überall Müllberge und Ratten", beschreibt er die Situation. Zwar haben Asylbewerber Anspruch auf eine Flüchtlingsunterkunft, doch viele bekommen wegen Überfüllung keinen Platz oder verlieren ihn in ihrer zugewiesenen Erstaufnahme wieder. Zum Beispiel wenn sie dort an mehreren Tagen hintereinander nicht übernachten. Das werde ich später auch von anderen Flüchtenden erfahren. „In Italien werden die Menschen nach einem Jahr oft auf die Straße gesetzt", erzählt mir Frieda. „Das liegt zum einen am begrenzten Platz, zum anderen wird von den Menschen erwartet, dass sie bis dahin selbst Arbeit gefunden haben und sich allein versorgen können. Viele der Geflüchteten arbeiten für einen Hungerlohn als Erntehelfer.

Sie ernten zum Beispiel Tomaten, Paprika oder Zucchini, die nach Deutschland geliefert werden", erzählt mir Frieda.

Manche stecken im Land fest. Zurück in ihre Heimat können und wollen sie nicht. Oft flüchten sie illegal über die Grenze nach Österreich oder in die Schweiz.

Erwischt sie die Polizei, schicken die Beamten sie direkt zurück. Doch bleiben können sie dort auch nicht, sie haben keine Bleibeperspektive. Bleibeperspektive?

„Für den Flüchtenden ist kein rechtmäßiger und dauerhafter Aufenthalt zu erwarten", erklärt Frieda. Dies wird jedoch nicht nach einer individuellen Prognose bestimmt, sondern pauschal nach dem Herkunftsstaat. „Gute Chancen hatten bisher Menschen aus den Ländern Syrien, Irak, Iran und Eritrea, aktuell nur noch Eritrea und Syrien. Doch auch für diese Schutzsuchenden gibt es keine Garantie", beschreibt Frieda.

Die junge Familie hat es bis nach Deutschland geschafft. „In der Erstaufnahme war es voll“, erzählt Noam. „Es waren zu viele Menschen auf zu wenig Raum. Auch vertrugen wir das Essen nicht und selbst kochen durften wir nicht. Wegen der Brandgefahr“, sagten sie zu uns.

Nach der Erstaufnahme kam die Familie schließlich in eine städtische Unterkunft. Dort lebt sie seit wenigen Wochen. Noam hofft, Arbeit zu finden, Miete für eine Wohnung zahlen und für seine Familie sorgen zu können.

„Deutschland ist ein gutes Land“, sagt seine Frau. „Der Staat kümmert sich um uns.“

Angst vor Italien

Doch die Angst ist groß, zurück nach Italien geschickt zu werden, in das europäische Land, das sie zuerst betreten hatten. „Deutschland wendet aktuell das Dublin-Verfahren für alle Herkunftsländer und alle Mitgliedstaaten an", sagt Frieda. Das Bundesamt für Migration und Flüchtlinge (BAMF) prüft in jedem Einzelfall, ob Asylbewerber in einen anderen EU-Mitgliedstaat zurückgeschickt werden können – also bei Noam nach Italien. „Wir haben ihn zu einem Anwalt geschickt, damit er dagegen klagen kann", berichtet Frieda. Italien kann aktuell keine entsprechende Unterkunft für Schwangere vier Wochen vor ihrer Geburt zusichern, als auch für Familien mit Kindern unter zwei Jahren und für kranke Menschen, die in Italien nicht behandelt werden können. Deswegen darf die Familie bleiben – zumindest vorerst. „Diese Regelung hat vielen Geflüchteten geholfen, sie ist aber zum Teil nicht mehr in Kraft", sagt Frieda.

Noam sucht jetzt Arbeit oder auch einen Ausbildungsplatz, denn mit einer sogenannten Ausbildungsduldung müssen sie nicht ausreisen. Er hat Hoffnung, mehr als in Nigeria.

Kapitel 2: Asante aus Somalia

„In Sicherheit, vorerst“

Asantes Geschichte klingt wie aus einem Albtraum. Er kommt aus Mogadischu, der Hauptstadt Somalias. Erst seit Kurzem ist er in Sicherheit, zumindest für ein Jahr. Denn so lange darf er in Deutschland bleiben. Im Sommer 2016 kam er im italienischen Lampedusa an und stellte einen Antrag auf Asyl, im Februar 2018 erhielt er einen sogenannten subsidiären Schutz. Dieser greift, wenn weder der Flüchtlingsschutz noch die Asylberechtigung gewährt werden und im Herkunftsland ernsthafter Schaden droht, der Geflüchtete den Schutz seines Herkunftslands nicht in Anspruch nehmen kann oder wegen der Bedrohung nicht in Anspruch nehmen will. Das war auch der Grund, warum Asante geflohen ist und die lebensgefährliche Reise übers Meer auf sich genommen hat.

Eigentlich gilt der subsidiäre Schutz nur bei Krieg im Heimatland, Todesstrafe und Folter, erfahre ich von Frieda, die ihn in der Erstaufnahme in Deutschland betreut hat.

„Sowohl subsidiärer Schutz als auch Abschiebeverbot wird erst mal nur für ein Jahr ausgestellt. Ein Jahr Sicherheit und dann herrscht bei den Menschen wieder Ungewissheit.“

Bürgerkrieg, Clans und Terrorgruppen

Seit mehr als zwei Jahrzehnten tobt in Somalia ein Bürgerkrieg. Seitdem gibt es auch keine richtige Regierung. In dem kriegszerstörten Land am Horn von Afrika herrscht Anarchie. Rivalisierende Clans und islamistische Milizen wie die Terrorgruppe Al-Shabaab kämpfen um die Vorherrschaft.

Al-Shabaab ist arabisch und heißt übersetzt „die Jugend". Die sunnitischen Fundamentalisten sind Teil des internationalen Terrornetzwerks al-Kaida und regieren Teile von Somalias Zentrum und den Süden des Landes. Die Miliz kämpft seit 2007 gegen Regierungen in der somalischen Hauptstadt Mogadischu.

Immer wieder verüben sie Anschläge auf Hotels, Zivilisten und Sicherheitskräfte.

In einem Artikel im Sommer 2019 lese ich zum Beispiel von einer Frau in Mogadischu, die sich in die Luft gesprengt hatte.[3]

Sie tötete sieben Menschen und verletzte sechs weitere, darunter den Bürgermeister der Hauptstadt. In einem anderen Bericht erfahre ich, dass islamistische Extremisten ein Hotel mitten in Mogadischu angegriffen haben.[4] Dabei kam es zu einem stundenlangen Gefecht mit den Sicherheitskräften, bei dem nach Polizeiangaben zehn Menschen getötet wurden. Bei den Toten handelte es sich um zwei Mitglieder der Sicherheitskräfte, drei Zivilisten sowie alle fünf Angreifer. In beiden Fällen bekannte sich Al-Shabaab zu diesen Anschlägen.

---

[3] https://www.zeit.de/video/2019-12/6118953562001/somalia-al-shabaab-erklaert-sich-fuertoedlichen-bombenanschlag-verantwortlich

[4] https://www.zeit.de/gesellschaft/zeitgeschehen/2019-12/somalia-mogadischu-islamisten-terrorismus-al-shabaab

2011 wurden die Islamisten aus der Stadt vertrieben. Sie kontrollieren jedoch nach wie vor große ländliche Gebiete und verüben immer wieder tödliche Anschläge in der Hauptstadt.

Die Menschen, die dort leben, sind in ständiger Gefahr, Opfer von Terroranschlägen, Kampfhandlungen oder Entführungen zu werden. Al-Shabaab finanziert sich über Steuern, die die Miliz den Menschen abknöpft, aber auch durch den Schmuggel von Holzkohle oder Zucker.

Die schlimmste Zeit meines Lebens

Einem Bericht der Menschenrechtsorganisation Human Rights Watch (HRW) zufolge, zwingt die Miliz Zivilisten dazu, ihnen ihre Kinder zu übergeben.[5] Oder sie entführen sie aus den Elternhäusern und Schulen und bringen sie in ihre Trainingslager. Damit versucht Al-Shabaab in Somalia Nachwuchs für ihre Armee zu gewinnen. Das wurde Asante und seinen Freunden zum Verhängnis.

„Wir wollten unter keinen Umständen für diese Terroristen kämpfen", sagt er. „Als ich von Al-Shabaab gefangen genommen wurde, war das die schlimmste Zeit meines Lebens." Damals war Asante gerade erst 17 Jahre alt. Weil er sich seinen Entführern widersetzte, folterten sie ihn. Was genau passiert ist, möchte er nicht sagen. „Ich war etwa ein halbes Jahr in Gefangenschaft.

[5] https://www.hrw.org/news/2018/01/14/somalia-al-shabab-demanding-children

Dann haben mich Amison-Soldaten befreit", erzählt er. Amison steht für African Union Mission in Somalia und ist die weltweit zweitgrößte internationale Friedenstruppe mit UN-Mandat. Die rund 22.000 Soldaten bekämpfen Al-Shabaab und wollen die Region befrieden.

Doch auch nach seiner Befreiung war Asante noch lange nicht in Sicherheit. Weil die Terroristen viele Teile des Landes kontrollieren, konnte er den Schutz seines Herkunftslands nicht in Anspruch nehmen. „Mitglieder der Organisation finden sich selbst in Regierungskreisen", sagt er.

Um der Terrormiliz endgültig zu entkommen, verließ Asante Somalia. Damals war er 18 Jahre alt.

Klaus Schöffler

Überfüllte Lager

„Im November 2015 floh ich über Äthiopien in den Sudan, dann weiter nach Libyen und von dort nahm ich die Route über das Mittelmeer nach Italien“, berichtet er. Im August verbrachte er etwa zwei Wochen in einem Auffanglager in Lampedusa. Dann wurde er weiter nach Sizilien geschickt. „Im Lager war kaum noch Platz“, erinnert er sich. „Untergebracht wurde ich in einer Halle mit mehr als 30 anderen Menschen.“ Immerhin hatte er endlich ein Bett und bekam zweimal am Tag etwas zu essen.

Nach nur vier Tagen ging seine Reise weiter nach Torino. „Ich teilte mit fünf anderen ein Zelt“, sagt er. Ein Bett hatte er nun keines mehr. Asante schlief auf dem Boden, mit einer Plane deckte er sich zu. Das Schlimmste sei damals die Langeweile gewesen, sagt er. Das Nichtstun war unerträglich.

Asante durfte auch nicht die Schule besuchen. „Ich wollte hier weg. Ich beschloss, auf eigene Faust nach Rom zu gehen“, sagt er. In der Hauptstadt erhoffte er sich, Arbeit zu finden. Doch er hatte keine Ahnung, wie er dorthin kommen sollte.

Als eine Gruppe Geflüchteter aus dem Lager die Grenze nach Österreich überqueren wollte, schloss er sich ihnen an. Weit kam er nicht. Schon in Villach unweit der Grenze griff ihn die Polizei auf. „Sie schickten mich zurück nach Italien“, sagt er „Dort suchte ich mir am Bahnhof einen Platz zum Schlafen. Dann vertrieb mich das Aufsichtspersonal. Auch aus einem naheliegenden Park haben sie mich verjagt.“

Er konnte die Sprache nicht, er konnte mit niemandem reden. Das war sehr schlimm für ihn. Asante war am Tiefpunkt. Er war inzwischen 19 Jahre alt und hatte keine Ahnung, wie sein Leben weitergehen sollte.

„Ich fror, ich war allein und hatte seit Tagen nichts mehr gegessen“, erinnert er sich. Hilfe kam von einem Einheimischen.

Er gab Asante zu essen und kaufte ihm ein Ticket nach Udine im Nordosten Italiens. „Der Mann sagte zu mir, dass mir dort geholfen wird“, sagt er.

Jeden Tag Langeweile

Das Auffanglager in Udine empfand er wie ein Gefängnis. Mehrere hundert Menschen seien dort gewesen. Er durfte dreimal am Tag für je eine Stunde das Gelände verlassen. Wer nicht pünktlich zurück kam, musste die Nacht außerhalb des Camps verbringen. Dazu kam die Arbeit. „Wir verteilten jeden Tag bestimmt drei Stunden Essen oder halfen, das Lager zu reinigen", berichtet er.

Geschlafen hatte er in einer großen Halle mit vielen weiteren Menschen. Dreimal am Tag gab es zu essen, und er wurde medizinisch versorgt. Asante durfte aber noch immer nicht zur Schule gehen. Das heißt, er hatte noch immer keine Beschäftigung und damit herrschte wieder nur Langeweile. „Ich blieb etwa drei Monate dort.

Als ich einige Tage bei einem Freund außerhalb der Einrichtung verbrachte und zurückkam, ließen mich die Sicherheitsleute nicht mehr hinein", sagt Asante. So lautete die Regel.

Er wollte nicht auf der Straße leben. Mit einem Freund aus dem Lager ging er in das knapp 200 Kilometer entfernte San Martino in der Nähe von Mailand. In dem Camp fühlte er sich wohl. „Mir ging es dort gut. Ich durfte von morgens bis abends die Einrichtung verlassen, bekam zu essen und fühlte mich auch nicht mehr wie ein Gefangener", beschreibt er.

Asante erhielt 75 Euro im Monat, und er konnte endlich die Schule besuchen, um die Sprache zu lernen. Er war beschäftigt. Doch dann wurde ihm gesagt, dass er bereits in Udine registriert sei und er deshalb dorthin zurückkehren müsse. Asante ging nicht. Die Einrichtung strich ihm daraufhin das Geld. „Ich sprach kein Wort Italienisch, wie sollte ich außerhalb des Camps überleben können, wie Arbeit finden, um Geld zu verdienen", fragte er sich.

Angekommen – Flucht nach Deutschland

Für ihn gab es in Italien keine Perspektive. Also beschloss er, nach Deutschland zu gehen.

Im Frühling 2019 kam er an. Fast 3,5 Jahre Flucht liegen hinter ihm. Er ist in Sicherheit, vorerst.

Kapitel 3: Jamal aus Guinea

„Der Glaube zu Gott hilft mir in diesen schweren Zeiten"

Jamal weiß nicht, wie es weiter geht. Er kommt aus Guinea in Westafrika. Als ich das erste Mal mit ihm spreche, ist er noch in der Erstaufnahme untergebracht. Er hofft darauf, in Deutschland bleiben zu dürfen. Er spricht Französisch, sonst nur wenige Brocken Deutsch, Bei mir ist es genau umgekehrt. Um die Sprachbarriere zu umgehen, greife ich immer wieder auf eine App zurück, um mir Wörter und Sätze übersetzen zu lassen. Sicherlich nicht die angenehmste Art der Kommunikation, aber es funktioniert trotz Missverständnissen, die wir aber immer wieder ausräumen können. Das Leben in seiner Heimat sei nicht einfach gewesen, sagt er.

Jamal kommt aus dem sogenannten Waldguinea im Südosten des Landes. Hier leben verschiedene Volksgruppen animistischen, muslimischen und christlichen Glaubens. Er ist überzeugter Christ. Er studierte Naturwissenschaften an der Universität in Conakry, der Hauptstadt Guineas. Jamal war politisch engagiert, arbeitete nebenher für einen privaten Radiosender. Unter anderem setzte er sich auch für den Umweltschutz ein.

„In Guinea brach Anfang 2013 politische Gewalt aus", erzählt er mir. Menschen seien damals auf die Straße gegangen, um ihre Wut über die mangelnde Transparenz der Wahl auszudrücken: In Guinea mischten sich parteipolitische, regionale und ethnische Rivalitäten. Was anfangs politisch motiviert war, führte zu Zusammenstößen von Angehörigen verschiedener ethnischer Gruppen. Auf der einen Seite waren die Fula, auch Guerzé genannt, auf der anderen Seite die Malinke, oder auch Konianke.

Sind die Fula überwiegend christlich geprägt, handelt es sich bei den Malinke um eine große muslimische Volksgruppe.

Die Fula sind schon sehr lange in Guinea, fühlen sich aber nicht mehr als Herr im eigenen Land.

Die zugewanderten Malinke hingegen sehen sich als Sündenbock für alle Probleme. Eine Situation, die es in vielen Ländern der Welt gibt. Die Angst, in naher Zukunft im eigenen Land nicht mehr zuhause zu sein, haben bestimmt auch Menschen in Deutschland.

Menschen wurden getötet

Als im südlichen Waldgebiet Sicherheitsleute einer Ölbohrfirma vom Stamm der Guerzé in der Stadt Koule einen Malinke-Jugendlichen erschlugen, weil sie ihn für einen Dieb hielten, breiteten sich die Kämpfe bis zur Provinzhauptstadt N'Zerekore aus. Menschen wurden mit Macheten, Äxten, Stöcken, Steinen und Schusswaffen angegriffen, Häuser und Autos angezündet, auch das Haus von Jamals Vater. Er starb bei diesen Unruhen. Seine Mutter hat er seitdem nicht wiedergesehen. Sein Glaube zu Gott half ihm durch diese schwere Zeit, sagt er.

Dann brach im Herbst 2014 das in Westafrika bis dahin größte Ebolafieber in der Geschichte des Landes aus.

Betroffen waren vor allem Liberia, Sierra Leone und Guinea. Mehr als 28.000 Menschen erkrankten, mehr als 11.000 starben.

Darunter befand sich auch Jamals Onkel, der ihn und seine Schwester aufgenommen hatte.

Jamal musste in Quarantäne, erkrankt war er nicht. Erst ein Jahr später wurden nur noch einzelne Krankheitsfälle gemeldet. Jamal ging weiter zur Uni und machte seinen Abschluss. Gut ging es ihm nicht, der Verlust seiner Eltern und seines Onkels schmerzten. Dazu kam die Politik im Land. Jamal engagierte sich und wollte zu einer Demonstration gegen die Regierung aufrufen. Die Polizei wurde auf ihn aufmerksam und begann, ihm mit Gefängnis zu drohen, falls es tatsächlich zu der geplanten Versammlung kommen sollte.

Die Pflicht eines Christen

Dann erzählt Jamal mir eine Geschichte. Er war mit Bekannten abends in einem Club, als ein Unbekannter zwei Mädchen griff und eine von ihnen im Handgemenge tötete. Wie das passiert sei, weiß Jamal nicht. Als einer der Gäste die Polizei holen wollte, nahm der Unbekannte Jamal als Geisel. Mit dem Auto fuhren die beiden bis zur Elfenbeinküste. Der Unbekannte öffnete seine Tasche, gab ihm Geld und sagte zu ihm, dass er ihm vergeben müsse, schließlich sei dies die Pflicht eines Christen, so stehe es in der Bibel geschrieben. Jamal fuhr zurück in die Hauptstadt. Er wollte nur noch weg aus diesem Land, er wollte nach Europa. „Ich sehnte mich nach Freiheit", sagt er. Er flog nach Marokko. Dort verbrachte er etwa zehn Monate, um sich das Geld für ein neues Leben zu verdienen.

Klaus Schöffler

Ohne Sprachkenntnisse ein Analphabet

Und heute? Glücklich ist Jamal nicht. Was ihm hilft, ist sein Glaube zu Gott. In der Erstaufnahme sei es nicht einfach, sagt er. Er kämpft mit dem Essen, das er nur schlecht verträgt. Dazu kommen die vielen Menschen, die auf engstem Raum miteinander auskommen müssen, was nicht immer gelingt. Sein Ziel ist es, in Deutschland zu bleiben und zu arbeiten. Von der Universität in Conakry hat er einen Abschluss in Naturwissenschaften – mit sehr guten Noten. Eigentlich gehört er genau zu den Geflüchteten, mit denen die deutsche Wirtschaft den Fachkräftemangel bekämpfen könnte. Doch Deutschland weiß noch nicht, ob Jamal hier bleiben darf. „Ich liebe dieses Land, aber ohne Sprachkenntnisse bin ich ein Analphabet", sagt er bei unserem Gespräch. Sehr gern würde er sich für den Umweltschutz einsetzen. Zuerst muss er jedoch die deutsche Sprache besser lernen – und seinen Hochschulabschluss anerkennen lassen. Dafür muss er rund 200 Euro zahlen.

Mit ein paar Freunden haben wir das Geld schnell zusammen. Doch selbst nach Monaten wird sein Abschluss noch immer nicht anerkannt. Jamal ist verzweifelt. Über Facebook schreiben wir häufig miteinander. Er hat gerade Ferien. Das sei eine schlimme Zeit für ihn, meint er. Dann fällt der Sprachunterricht komplett aus, und dann wisse er oft nichts mit sich und seiner Zeit anzufangen. Er will endlich arbeiten, doch es sieht nicht gut aus. Als ein vorläufiger Rechtsschutz abgelehnt wird und die Polizei ihn holen will, versteckt er sich. „Ich dachte sogar an Selbstmord, weil ich nicht wusste, wie es mit mir weitergehen soll", sagt er. Frieda, die ihn in der Erstaufnahme betreut, sieht die Gefahr, und bringt Jamal in einer Klinik für Psychiatrie und Psychotherapie unter. Dort kann er aber nur für kurze Zeit bleiben. Jamal und ich bleiben weiter in Kontakt. Ein Jahr später wartet er immer noch darauf, für immer in Deutschland bleiben zu dürfen.

Kapitel 4: Abdoul aus Guinea

„Offen, stets freundlich und hilfsbereit"

Abdoul treffe ich vor der Erstaufnahme. Die stillgelegte Kaserne ist ein trostloser Ort am Stadtrand. Der einzige Farbblick ist das rote Schild, auf dem der Name der Einrichtung steht. Abdoul ist fast zwei Meter groß, sympathisch und spricht erst wenig Deutsch. Sonst Französisch. Er hat einen Freund dabei, der seine Worte für mich ins Englische übersetzen kann. Es regnet. Wir gehen ein paar Schritte und setzen uns auf eine Bank. In der Erstaufnahme ist der Guineer sehr beliebt, sagte mir Frieda vorher, die ihn in der Einrichtung betreut. Er unternimmt sehr viel, um sich in Deutschland zu integrieren. Ganz in der Nähe spielt Abdoul in einem Verein Volleyball.

Er zeigt mir die Kopie eines Briefs, den sein Trainer an das Regierungspräsidium geschickt hat:

„Sehr geehrte Damen und Herren, hiermit sprechen wir uns für einen dauerhaften Verbleib von Abdoul aus. Wir verfolgen seine Bemühungen, sich nach seiner monatelangen Flucht aus Guinea in Deutschland zu integrieren, seit nunmehr einem Jahr. Er hat sich damals proaktiv auf unserer Beach-Anlage nach Anschluss bemüht und diesen durch seine offene, stets freundliche und hilfsbereite Art auch sehr schnell gefunden. Neben seinen behördlich angeordneten Maßnahmen, bei denen uns besonders aus der Berufsschule eine sehr gute Entwicklung bekannt ist, hat er sich seither auch ausgezeichnet im Verein integriert. Im vergangenen Jahr hat er sogar als aktiver Spieler in unserer Landesliga-Herrenmannschaft am Spielbetrieb in der Halle teilgenommen.

Er hat als einziger Spieler über die gesamte Saison an allen Trainingseinheiten teilgenommen, war immer pünktlich und ein äußert zuverlässiger Teil der Mannschaft.

Um seine positive Entwicklung weiter zu unterstützen, würden wir uns sehr freuen, wenn es ihm auch nach seiner Weiterverteilung möglich bleibt, in einer zumutbaren Zeit zurückzukommen und weiterhin am Vereinsleben teilzunehmen. Wir hoffen auf Abdouls Verbleib im Verein und würden es sowohl persönlich als auch sportlich sehr bedauern, wenn ihm diese Möglichkeit genommen wird."

Abdoul hat Freunde in Deutschland gefunden, die ihn unterstützen. Ob er bleiben darf, bleibt ungewiss, denn in Guinea herrscht kein Krieg. Seit Jahren gilt das Land jedoch als eines der ärmsten der Welt. Mehr als die Hälfte der Bevölkerung ist von Armut betroffen. Die Ebola-Krise in den Jahren 2014 und 2015 hatte diese Situation noch weiter verschärft. Abdoul spürte aber vor allem die heftigen politischen Unruhen im Land.

Mit seiner Mutter lebte er in der Hauptstadt Conakry. Sein Geld verdiente er damit, Autos zu reparieren, damit kennt er sich aus.

„In Conakry sowie im Inneren des Landes kam es regelmäßig zu Demonstrationen, die zum Teil zu heftigen Auseinandersetzungen zwischen ethnischen und politischen Gruppen sowie Polizei und Militär führten", berichtet er. Immer wieder seien dabei Menschen verletzt oder getötet worden. Er erzählt mir von einem Soldaten, der einen Jungen schlug. „Als der Soldat mich sah, bedrohte er mich mit einer Pistole und befahl mir, den Jungen sofort ins Krankenhaus zu bringen – sonst würde er mich erschießen." Abdoul wollte in diesem Land nicht mehr weiterleben, er sah keine Perspektive für sich. Er wollte weg.„Ich fragte den Fahrer eines Lastwagens, ob er mich nach Mali mitnehmen kann", erzählt er. Von dort fuhr er auf der Ladefläche eines Wagens mit vielen anderen Menschen mit, die das gleiche Ziel hatten: weiter nach Niger. Ein Geländewagen nahm ihn schließlich mit nach Libyen.

Kein sicheres Land

Libyen ist kein sicheres Land für flüchtende Menschen. Das erfahre ich nicht nur von Abdoul, sondern noch von weiteren von mir befragten Flüchtenden. Nach Angaben des UN-Flüchtlingshilfswerks UNHCR und der Internationalen Organisation für Migration (IOM), halten sich hier aktuell rund 50.000 registrierte Flüchtlinge und Asylsuchende auf, ebenso wie 800.000 weitere Migranten.[6] Über die offiziellen Lager der Einheitsregierung Libyens trägt die Küstenwache die Verantwortung. Und die setzt sich aus Dschihadisten, Milizionären, Menschenschmugglern und teilweise auch Menschenhändlern zusammen, wie in den UN-Angaben berichtet wird.

„In dem Lager, in dem ich die ersten Wochen untergebracht wurde, habe ich Menschen sterben sehen", flüstert Abdoul.

---

[6] https://www.dw.com/de/das-leid-der-flüchtlinge-in-libyen/a-49599031

„Ich habe erlebt, wie sie einen Freund, den ich dort kennengelernt hatte, auf der Straße erschossen haben.“ In dem Bürgerkriegsland gibt es kaum feste staatliche Strukturen. Welche Lager staatlich sind und welche illegal, ist schwer auszumachen. Doch selbst sogenannte staatliche Lager werden oft von bewaffneten Milizen betrieben. Die Zustände seien dort schlimm und für viele unerträglich. Eine Frau aus Kamerun, die ich einige Monate später treffen werde, wird mir ebenfalls von ihren schlimmen Erfahrungen dort berichten – von Terrorgruppen, die die ankommenden Menschen in ihre Camps stecken. Werden sie von der Polizei befreit, hört es mit Gewalt und Misshandlungen meist nicht auf.

„Ich wollte endlich in Sicherheit leben“, sagt Abdoul. Und das trieb ihn an, sich auf den Weg nach Europa zu machen. „In Libyen haben sie mir erzählt, dass ich in Europa Verpflegung bekomme und medizinisch versorgt werde. Das war für mich das Wichtigste“, begründet er seine Flucht.

Als er endlich das Lager verlassen durfte, nahm er die lebensgefährliche Fahrt über das Mittelmeer auf sich so wie viele tausend andere Migranten, die mit Hilfe von Menschenschmugglern von den Stränden von Tripolis nach Italien gelangen wollten. Drei Tage dauert seine Überfahrt.

Glücklich war er in Italien nicht. „Um mich zu integrieren, wollte ich dort Volleyball spielen, so wie in meiner Heimat“, sagt er. Doch auf dem Spielfeld stieß Abdoul nur auf Ablehnung der Einheimischen. Es gelang ihm nicht, Anschluss zu finden. Im Lager hatte er nicht viel zu tun. In Italien sah er für sich keine Perspektive. Andere Geflüchtete erzählten ihm von Deutschland. Abdoul machte sich auf zum Turiner Bahnhof. „Dort traf ich Menschen, die mir eine Fahrkarte kauften“, berichtet er. Als Abdoul in Düsseldorf ankam, ging er direkt zur Polizei, um Asyl zu beantragen. Er kam dann für jeweils zwei Wochen in verschiedenen Erstaufnahmen im Westen und im Süden Deutschlands unter.

Mit sehr großem Erfolg

Als wir uns das erste Mal trafen, war Abdoul 21 Jahre alt und hatte bereits an einem Berufsorientierungsprogramm für geflüchtete Menschen an einer Berufsschule teilgenommen. „Mit sehr großem Erfolg", steht auf seiner Bescheinigung. Er sucht gerade eine Ausbildung zum Kfz-Mechaniker oder zumindest die Möglichkeit für ein Praktikum. Bekommt er einen Platz, ist das vielleicht die Chance für ihn, in Deutschland bleiben zu dürfen. Er hat Angst, abgeschoben zu werden, den negativen Bescheid seines Asylverfahrens hat er bereits erhalten. Immer wieder sieht er Polizisten ins Lager kommen, die andere Migranten abholen.

Erfolglose Abschiebungen

Mit Adrijana, einer serbischen Dolmetscherin komme ich darauf zu sprechen. Was passiert mit den Geflüchteten, wenn sie abgelehnt werden? Adrijana: „Sie werden zum Gespräch eingeladen.

Ihnen wird vorgeschlagen, freiwillig in ihre Heimat zurückzukehren. Willigen sie ein, bekommen sie die Fahrtkosten erstattet." Und wenn nicht? Adrijana: „Sie erhalten einen Brief, in dem sie aufgefordert werden, an Tag X in der Erstaufnahme zu sein. Dann steht die Polizei vor der Tür, wenige Minuten bleiben ihnen zum Packen, sie bekommen ihre Mobiltelefone abgenommen, und die Beamten bringen sie zum Flughafen. Oft verstecken sie sich, schlafen zum genannten Zeitpunkt bei Freunden, Verwandten oder Bekannten außerhalb der Erstaufnahme. Die Polizei ist oft nicht erfolgreich, aber irgendwann stehen sie dann doch unangekündigt vor der Tür."

So wie bei einer äthiopischen Frau, von der mir Frieda erzählt. Die Frau lebte neun Jahre in Deutschland. Sie hatte ehrenamtlich in einer Schulküche Essen zubereitet und sich mit viel Engagement immer wieder in Vereinen eingebracht. Frühmorgens drangen Zivilpolizisten gewaltsam in ihr Zimmer ein und zerrten sie gegen ihren Willen aus dem Bett. Sie durfte sich nicht umziehen. Und sie durfte niemanden anrufen, bis sie in Addis Abeba, der Hauptstadt Äthiopiens, ankam. Jegliche Kommunikation nach außen wurde ihr verboten. Sie hatte keine Chance, mit ihrer Anwältin zu sprechen. Als diese davon erfuhr, stellte sie sofort einen Asylfolge- und einen Eilantrag. Beide wurden abgelehnt. Darüber wurde die Anwältin nicht informiert. Sie konnte so auch keine weiteren Rechtsmittel einlegen.

Auf focus.de lese ich, dass rund 22.000 Menschen im Jahr 2019 abgeschoben wurden, mehr als 32.000 Abschiebungen scheiterten. Das liegt zum einen daran, dass sich die Flüchtenden rechtzeitig verstecken, aber nicht nur daran.

Unter anderem trägt dazu auch die mangelnde Datenerhebung von Abschiebehindernissen bei, die Ineffizienz hiesiger Behörden sowie die unzureichende Zusammenarbeit mit den Herkunftsländern der Geflüchteten.

Um die Abschiebung zu verhindern, hat sich Abdoul einen Anwalt genommen, dafür zahlt er pro Sitzung fast die Hälfte des Geldes, das er im Monat bekommt. Abdoul will nichts geschenkt bekommen. „Ich möchte endlich in Sicherheit leben und hier in Deutschland arbeiten, um meine Steuern zahlen zu können.“

Volleyball hilft ihm

Das Leben in der Erstaufnahme sei hart. Der Guineer sei nicht undankbar, aber das Essen sei er einfach nicht gewohnt. Das ist eine Aussage, die er mit anderen von mir befragten Geflüchteten aus Afrika teilt.

Was ihm hilft ist Volleyball. Er spielt an zwei Tagen in der Woche im Verein mit Menschen, die ihn mögen und schätzen. Seine Team-Kollegen und natürlich sein Trainer wollen ihn nicht verlieren. Monate später erzählt mir Frieda, dass Abdoul eine Studentin kennen gelernt hat, die bei einer Hilfsorganisation arbeitet und ihn unterstützt. Sie hilft mir später auch bei den Details zu Abdouls Geschichte.

Noch besucht Abdoul die Berufsschule. Er hofft noch immer auf ein Praktikum in der Automobilbranche. Das interessiert ihn sehr.

Aber es ist schwer, einen Betrieb zu finden, der ihn nimmt. Als ich das letzte Mal mit ihm schreibe, ist es gerade April, mitten in der Corona-Krise. Seine Abschiebung ist bis auf Weiteres ausgesetzt. Das verschafft ihm ein bisschen Zeit.

Kapitel 5: Mohamed aus Guinea

„Es war die Hölle"

Mohamed treffe ich an einem Samstag Ende September vor der Erstaufnahme, in der er untergebracht ist. Er lächelt, als er mich sieht. Um ein Gefühl füreinander zu bekommen, reden wir ein bisschen über Fußball. Er schaut sich gern die Champions-League-Spiele an, er mag den FC Bayern München. Zum Spaß verziehe ich mein Gesicht, erzähle ihm von den Besuchen im Stadion meines weniger erfolgreichen Lieblingsvereins. Er lacht. Nach unserem Treffen wird er in die Stadt fahren und sich in einer Kneipe ein Spiel ansehen, er freut sich darauf.

Er hat bereits die Ablehnung seines Asylantrags erhalten.

Er weiß nicht, wie lange er noch in Deutschland bleiben darf, doch es scheint, als trübe dies seine Laune nicht.

Er freut sich auf die Zukunft. Vielleicht kann, nach all dem, was er bisher auf seiner Flucht erlebt hat, das, was noch kommen wird, nicht so schlimm sein. Ich bewundere seine Haltung. Mich erwartet keine Abschiebung, ich habe einen festen Wohnort und übe meinen Beruf zumindest phasenweise mit sehr viel Leidenschaft aus. Und doch gibt es zahlreiche Tage, da strahle ich nicht ansatzweise so wie Mohamed an diesem Vormittag. Frieda, die ihn in der Erstaufnahme betreut hat, bezeichnet ihn als Lebenskünstler. Mohamed war aus Guinea geflohen und landete in Libyen in einem Auffanglager. „Es war die Hölle", flüstert er. Er hatte Angst. Er hat erlebt, wie sie Menschen getötet haben.

„In dem Camp, in dem ich mich befand, müssen mehrere tausend Menschen gewesen sein", vermutet Mohamed.

Nicht nur, dass es viel zu eng war, die hygienischen Bedingungen seien schlimm gewesen. „Wir hatten große Schwierigkeiten, an Trinkwasser zu kommen."

Auch Amnesty International berichtet von Folter, schwerer Gewalt und sexueller Ausbeutung, wie ich in einem Bericht erfahre.[7] Mohamed musste arbeiten – und jeden Tag sehr viel laufen, erzählt er mir. Er ist sich sicher: Wäre er geflohen, hätten sie ihn getötet.

---

[7] https://www.amnesty.de/informieren/amnesty-journal/libyen-flucht-ins-gefaengnis

Das Auswärtige Amt hat die Situation in den libyschen Flüchtlingslagern scharf kritisiert. Die deutsche Botschaft in Nigers Hauptstadt Niamey berichtet von „allerschwersten, systematischen Menschenrechtsverletzungen in Libyen".[8]

In einem Bericht im SPIEGEL, der im Sommer 2019 erschienen ist, lese ich, dass Milizen und Schlepperbanden den Geflüchteten Geld abknöpfen, indem sie sie mit Gewalt oder dem Tod bedrohen und Videos von Folter drehen, die dann an die Familien geschickt würden.[9] Können ihre Angehörigen nicht zahlen, drohen Exekutionen, Folter oder Vergewaltigungen.

Mohamed ist das alles nicht widerfahren. Er kann nach sechs Wochen das Camp verlassen. Mit dem Boot gelangte er von Libyen nach Italien. Aber auch das waren schlimme Erlebnisse. Er erlebte, wie Menschen ertranken.

---

8 https://www.welt.de/politik/deutschland/article161611324/Auswaertiges-Amt-kritisiert-KZ-aehnliche-Verhaeltnisse.html

9 https://magazin.spiegel.de/SP/2019/35/165579731/index.html

„In Italien war es zuerst gut", sagt Mohamed. Er konnte die Schule besuchen, Italienisch lernen. Erst als sich die Regierung änderte und ein neuer Wind wehte, beschloss er, nach Deutschland zu gehen. Schuld daran war aus Sicht der Opposition die populistische Regierung aus der Fünfsternebewegung und der rechten Lega, die mit ihrem scharfen Ton Gewalt gegen Ausländer befeuerte.

Klaus Schöffler

„Meine Familie trieb mich zur Flucht“

Ich frage Mohamed, warum er aus seiner Heimat geflohen ist. Auch er hätte die politischen Unruhen im Land gespürt, Menschen gesehen, die deswegen gestorben seien. Doch das Problem lag in seiner Familie. Sein Vater war ein wohlhabender Geschäftsmann, sagt er. Er starb 2014, seine Mutter nur zwei Jahre später. Es entbrannte ein Kampf um das Erbe unter den fünf Brüdern seines Vaters. Sie wollten das Geld, jeder für sich. Die eigentlichen Erben, die Kinder, sollten weg. Mohamed zeigt auf seinen Nacken. Hier hätten sie ihn immer wieder mit einem Stock geschlagen. Er wurde von seinem Bruder getrennt. Mohamed flüchtete ins benachbarte Mali, von dort nach Libyen und schließlich nach Europa – es war der einzige Ausweg, den er sah, um frei zu sein. Sein Bruder sei noch in Griechenland, sagt er. Heute ist Mohamed 24 Jahre alt, das Leben in Deutschland sei nicht einfach, sagt er, und er kennt das Land noch zu wenig.

Er merkt, dass er anders ist

Um die Abschiebung zu verhindern, hat sich Mohamed einen Anwalt genommen. Er möchte in Deutschland bleiben, arbeiten und die Sprache noch besser lernen. Dazu besucht er regelmäßig mit einem Freund aus der Erstaufnahme die Schule. Er spricht schon Arabisch, Italienisch, Englisch und ein paar Brocken Deutsch. Und letzteres soll noch besser werden. „Hier in Deutschland mögen viele keine farbigen Menschen“, vermutet er. „Manchmal fühle ich mich unwohl, wenn ich durch die Stadt laufe, dann, wenn ich von anderen angeschaut werde.“ Er merkt, dass er anders ist.

Wir bleiben in Kontakt. Er schreibt mir, dass er einen Transfer bekommen hat. Ein Transfer ist der von vielen langersehnte Auszug aus den tristen Gruppenzimmern, in denen nur Betten und Spinde für die Kleidung stehen. Die Schutzsuchenden sollen damit eine Perspektive bekommen.

Allerdings ist Mohamed nun nicht mehr in der Stadt, sondern irgendwo etwas abgeschieden auf dem Land.

Hier sei es schlimmer als vorher. „Hier ist nichts", klagt er. Er weiß nichts mit seiner Zeit anzufangen.

Monate später treffen wir uns wieder. Mittlerweile ist es Winter. Wir laufen durch die Fußgängerzone und gehen in ein Café. Wieder unterhalten wir uns über Fußball, aber auch über sein neues Leben. Am Wochenende war er mit Freunden aus der Unterkunft in einer etwa 30 Kilometer entfernten Großstadt. Er ist gern unter Menschen. Ich frage Mohamed, was er in Deutschland am meisten vermisst. Er zeigt mir ein Bild seiner kleinen Tochter. Ich wusste nicht, dass er bereits Vater ist. Er hat sie seit Jahren nicht gesehen. Der Gedanke an sie schmerzt ihn sehr, das sehe ich ihm an.

Um ihn zu unterstützen, finde ich einen Malerbetrieb, der sich bereit erklärt, ihm ein Praktikumsplatz anzubieten. Mohamed freut sich, als ich ihm die Nachricht überbringe.

Ich frage ihn, ob er überhaupt arbeiten und Geld dafür bekommen darf. Mohamed weiß es nicht. Er zeigt mir seinen Ausweis, auf dem in Klammer „Duldung“ steht. Eine Duldung ist eine vorübergehende Aussetzung der Abschiebung, erfahre ich von Frieda.

Diese Duldung kann jederzeit fristlos widerrufen werden, was zu einer großen Unsicherheit bei den Betroffenen führt.

Ich rufe bei der für ihn zuständigen Ausländerbehörde an. Die Frau am Telefon freut sich für ihn, gesteht aber, dass sie mir keine Auskunft geben kann, weil sie es schlichtweg nicht weiß. Ich solle doch dem Verantwortlichen eine E-Mail schreiben. Eine Stunde später bekomme ich einen Anruf von ihm und erfahre, dass Mohamed nicht arbeiten darf, auch nicht unentgeltlich. Welche Chance hat er dann überhaupt, frage ich den Verantwortlichen. Darauf antwortet er nicht und meint nur, dass es ihm leid tue, so seien eben die Gesetze.

Ich zögere damit, Mohamed die schlechte Nachricht mitzuteilen. Doch er freut sich nur, dass ich mich um ihn gekümmert habe.

Frieda hat recht. Mohamed ist ein Lebenskünstler, der in jeder Situation nur das Beste sieht. Ich kann noch viel von ihm lernen und freue mich darauf, ihn bald wiederzusehen.

Kapitel 6: Mou aus Togo

„Sie nennen mich Bruder"

Fußball bedeutet Mou alles. Seine Mannschaftskollegen aus dem Sportverein schwärmen nicht nur von den sportlichen Talenten des 29-Jährigen. „Wir schätzen an ihm noch viel mehr seinen Charakter, seine Aufrichtigkeit und seine Herzensgüte", berichtet mir sein Trainer. Dieser kümmert sich um Mou, seit er dem Verein beigetreten ist. Das war Anfang 2019.

„In meiner Heimat trainierte ich regelmäßig", erzählt er mir. Sein Geld verdiente er sich als Maurer. Er war aber auch Mitglied einer freiheitlich-demokratischen Partei – und das in Togo, einem Staat, der diktatorisch geprägt ist.

Klaus Schöffler

Land ohne Freiheit

Togo liegt zwischen Ghana im Westen, Burkina Faso im Norden und Benin im Osten. Im Süden grenzt es an den Golf von Guinea. Rund acht Millionen Menschen leben in dem kleinen westafrikanischen Land, das zu den ärmsten der Welt zählt. Seit Jahrzehnten regiert dort die Familie Gnassingbé. 1963, drei Jahre nach der Unabhängigkeit Togos, wurde der erste demokratisch gewählte Präsident bei einem Militärputsch, unter Führung von Emmanuel Bodjollé und Étienne Gnassingbé, ermordet. Das Militär setzte zuerst Nicolas Grunitzky als neuen Präsidenten ein. Vier Jahre später putschte Gnassingbé erneut und ernannte sich selbst zum Präsidenten der Republik. Als er 2005 starb, übernahm sein Sohn Fauré Gnassingbé die Regierungsgeschäfte und führte das Land weiterhin als Diktator. Als weltweit der Druck auf ihn immer größer wurde, erklärte dieser sich zu Wahlen bereit.

Wegen massiver Fälschungen kam es zu Protesten in der Bevölkerung, bei denen über 800 Menschen von staatlichen Sicherheitskräften getötet wurden.

Fauré Gnassingbé wird dennoch weltweit als legitimer Präsident Togos akzeptiert.

Die Gewalt hört seitdem nicht auf. Laut einem Bericht von Amnesty International aus dem Jahr 2017 wandten zum Beispiel die Sicherheitskräfte im Jahr 2016 exzessive Gewalt gegen Demonstrierende an.[10] Immer wieder komme es zu willkürlichen Festnahmen und Inhaftierungen, zu Folter und anderen Misshandlungen. Ein Bericht der Togoischen Liga für Menschenrechte zu Folter und Polizeigewalt in Togo schildert schwere Menschenrechtsverletzungen.[11]

---

[10] https://www.amnesty.de/jahresbericht/2017/togo

[11] http://www.schattenblick.de/infopool/politik/ausland/paaf1449.html

So wurden etwa im Juli 2019 in Lomé, im Quartier Hédzranawoé, mehrere Dutzend Menschen von Sicherheitskräften ohne Anlass verprügelt und festgenommen.

Die Menschenrechtsverletzungen blieben ohne Folgen.

Vor allem Oppositionelle müssen in Togo mit gravierender Repression rechnen. Dazu gehörte auch Mou. Sein Leben war geprägt von Gewalt und Verfolgung. Wie viele andere kam auch er ins Gefängnis. „Einige meiner Freunde sind dort gestorben“, sagt er. „Andere sind noch immer eingesperrt und werden gefoltert und misshandelt.“ Mou fühlte sich in seiner Heimat nicht mehr sicher, erzählt er mir. Als er aus dem Gefängnis kam, beschloss er, seine Heimat zu verlassen. Er wollte möglichst weit weg von dieser Diktatur leben. Sein Ziel war Europa.

Der Traum von Europa

Von Togo reiste er nach Libyen und verbrachte dort etwa zweieinhalb Jahre. Er fand Arbeit, um das Geld für die Überfahrt nach Europa zu verdienen. Ohne einen für ihn ersichtlichen Grund wurde er verhaftet und musste ins Gefängnis. Mou vermutet Absprachen der libyschen Regierung mit seinem Heimatland, wie mit Menschen aus Togo umzugehen sei.

Er kam wieder frei, hatte aber keine Ausweispapiere mehr. „Ich musste sie mir erst organisieren, damit ich überhaupt Libyen verlassen und in ein anderes Land einreisen konnte“, sagt er. Dafür hat er viel Geld bezahlt, genau wie für die Überfahrt nach Italien.

„Es müssen hundert Menschen auf dem engen Schlauchboot gewesen sein“, berichtet er. Ständig hatte er ein Bein im Boot, das andere im Wasser.

Klaus Schöffler

Die Überfahrt war schlimm. Die Flüchtenden mussten jeden Seegang mitnehmen.

Gerade von den Kindern hätten es viele nicht geschafft. Sie starben an Hitze oder an Wassermangel. Die Lebenden warfen die Toten über Bord.

Allein in der Fremde

Mou war glücklich, als er in Italien ankam. Endlich war er in Europa und in Freiheit. Doch die Freude hielt nicht lange an. Er sah das überfüllte Flüchtlingslager und viele Menschen, die auf der Straße lebten.

Im Camp gab es niemanden, der sich um die Ankommenden gekümmert hätte, er hatte keinen festen Ansprechpartner. Dafür gab es Sicherheitsleute.

Waren die Menschen in Italien zu Beginn der Flüchtlingswelle noch freundlich und hilfsbereit, wurden sie zunehmend fremdenfeindlicher. Das war zumindest sein Eindruck. „Die Einheimischen lehnten uns Asylsuchende ab“, sagt er. „Kamen uns Menschen auf der Straße entgegen, machten sie einen großen Bogen um uns oder wechselten die Straßenseite.

Oft hielten sie sich auch etwas vor das Gesicht, zum Beispiel zogen sie ihr T-Shirt hoch und gingen erst dann an uns vorbei."

Wollte er sich im Bus oder in der Bahn auf den freien Platz neben einem anderen Fahrgast setzen, kam es immer wieder vor, dass dieser seine Füße auf den Platz legte, damit sich Mou nicht mehr setzen konnte. In den Supermärkten wurden oft die Kassen geschlossen, wenn er bezahlen wollte, oder er wurde einfach nicht bedient.

Endlich in Deutschland

Mou blieb etwa eineinhalb Jahre in Italien. „Ich wollte nur noch weg aus dem Land.“ Wie viele andere Schutzsuchende wusste er, dass die Lebensbedingungen in Nordeuropa besser sind. Er machte sich auf den Weg, sein Ziel war Deutschland. „Das ist ein Land des Rechts“, davon war er überzeugt. „Die Menschen respektieren das Gesetz. Das ist nicht wie in Togo.“

In Deutschland kam er in verschiedenen Erstaufnahmen unter. In einer davon lernte er Frieda kennen, die dort als Sozialarbeiterin beschäftigt war und die mir von ihm erzählte. Gut ging es ihm damals nicht. Ihm machte die Einsamkeit zu schaffen. Mou hatte niemanden. Frieda und ihre Kollegen brachten ihn in dem Sportverein unter, in dem er endlich wieder Fußball spielen konnte. „Er hat sich schnell bei uns integriert.

Er zeigte nicht nur auf, sondern auch neben dem Platz, dass er hilfsbereit ist und dazugehören wollte", sagt sein Trainer mit Begeisterung. Seine Mitspieler sind schnell zu Freunden geworden.

„Sie nennen mich nicht nur Teamkamerad, sie nennen mich Bruder", sagt Mou glücklich. Aber natürlich verhelfen seine fußballerischen Talente der Mannschaft auch immer wieder zu Siegen.

Er kam regelmäßig zum Training. Doch dann war er plötzlich nicht mehr da. „Wir kannten bereits von anderen Asylsuchenden in unserem Verein, dass sie von jetzt auf gleich spurlos verschwunden waren", berichtet sein Trainer. Nach zwei, drei Wochen tauchte er wieder auf. Er erzählte seinen Kameraden, dass er in einer Unterkunft rund 25 Kilometer entfernt untergebracht wurde, knapp 30 Minuten mit der S-Bahn entfernt. „Mou bat uns um Hilfe. Wir haben dann für ihn Geld gesammelt, damit er sich Fahrkarten kaufen konnte, um an den Spieltagen auf den Platz kommen zu können.

Mit dem Geld wollten wir ihn auch dabei unterstützen, dass er sich hin und wieder etwas kaufen kann, wenn er etwas benötigte", sagt sein Trainer.

Die Freude hat er nie verloren

Ein Spieler aus der Mannschaft besorgte ihm einen Arbeitsplatz bei einem großen Logistikdienstleister. Mou durfte zur Probe arbeiten. Sein zukünftiger Arbeitgeber war sehr zufrieden mit ihm und hat ihm einen Jahresvertrag für eine Festanstellung als Lagerarbeiter in Vollzeit angeboten. „Wir haben ihm ein Jobticket gekauft, damit er mit den öffentlichen Verkehrsmitteln fahren kann, wir haben ihn krankenversichert und ihm eine Genehmigung vom Amt besorgt, damit er dort überhaupt arbeiten darf, erzählt sein Trainer. Ihm fiel auf, dass Mou viel lebhafter und fröhlicher war, als er dort endlich anfangen konnte. „Trotz allem, was hinter ihm lag: Seine Freude hat er nie verloren."

Wenn sein Vertrag in Kürze ausläuft, kann Mou bei dem Logistikdienstleister eine Ausbildung beginnen. Doch dazu muss er die Sprache besser lernen. Durch Covid-19 haben die Sprachkurse noch nicht begonnen.

Mou befand sich im Anmeldemodus, als die Schule durch die Pandemie geschlossen wurde.

Jetzt muss er warten, bis sie wieder öffnet, um die einzelnen Module erfolgreich ablegen zu können. Ohne Deutschkenntnisse wird er keine Chance haben, die Ausbildung zu absolvieren.

„Wir müssen auch unbedingt eine Wohnung für ihn finden“, sagt sein Trainer. Denn aktuell kommt er in seiner Unterkunft nicht zur Ruhe. Vor Kurzem zog eine afrikanische Familie ein. Um Platz zu schaffen, teilt er seitdem sein Einzelzimmer mit einem anderen Geflüchteten aus Togo. „Es ist sehr laut, ich komme kaum zum Schlafen“, sagt Mou. Entweder schreien die Kinder oder sein Mitbewohner telefoniert nachts mit seiner Frau, die noch in der Heimat lebt. Die Gespräche dauern oft stundenlang.“ Für ihn, der in Vollzeit arbeitet und morgens früh aufstehen muss, ist das keine einfache Situation. Die Chancen, eine Wohnung zu finden, stehen aber ganz gut. Mou sei zuversichtlich, schreibt er mir.

Klaus Schöffler

Das Standardschreiben

„Menschen aus Togo, die es bis nach Deutschland schaffen, haben meist nur geringe Chancen auf eine Anerkennung als Asylbewerber“, erzählt mir Frieda. Das kennt sie auch aus eigener Erfahrung. Knapp 90 Prozent der Anträge werden abgelehnt. Denn trotz der schwierigen politischen Situation und der ständigen Gewalt und der willkürlichen Verhaftungen ist Togo offiziell ein sicheres Herkunftsland. Es herrscht kein Krieg. Kein Wunder, dass tatsächlich das Standardschreiben des Regierungspräsidiums bei Mou eintraf.

Die Vorbereitungen für Ihre Abschiebung wurden eingeleitet und konkrete Maßnahmen der Aufenthaltsbeendigung stehen unmittelbar bevor. Mit anderen Worten: Mou soll schon bald zurück nach Italien gehen, in das europäische Land, das er zuerst betreten hat, um dort Asyl zu beantragen. So lauten die Regeln in der EU. „Er konnte jeden Tag abgeholt werden.

Wir verstanden die Welt nicht mehr", beschreibt sein Trainer das Gefühl, das er mit der Mannschaft teilte. „Er würde in Italien von vorn anfangen müssen, er hat dort keine Arbeit und keine Freunde so wie jetzt."

Seine Teamkameraden wollten eine Abschiebung nicht einfach so hinnehmen. Sein Trainer nahm die Sache in die Hand und wendete sich an den Bundestagsabgeordneten seiner Stadt. Weiterhelfen konnte dieser ihm zwar nicht, dafür gab er ihm aber Tipps und Kontakte an die Hand, an die er sich wenden konnte. Politiker aus der Stadt meldeten sich bei ihm. „Es ging wohl vielen aber nur darum, werbewirksam in die Medien zu kommen", vermutet er. Mit einem Spieler aus dem Verein wendete er sich an einen örtlichen privaten Radiosender, um dort einen Aufruf zu starten. Viel gebracht hat dies zwar nicht, allerdings meldete sich ein Anwalt bei Mous Trainer, der ihnen in dem Fall Unterstützung anbot.

„Wir haben auch noch mit verschiedenen öffentlichen Einrichtungen Kontakt aufgenommen“, sagt sein Trainer, darunter die Caritas oder Flüchtlingshilfe e. V.

„Das war jede Menge Arbeit, Menschen zu finden, die uns unterstützen, um Mou helfen zu können“, sagt er.

Aufruf erreichte bis heute mehr als 40.000 Menschen

Die Mannschaft beschloss, in den sozialen Medien einen Aufruf zu starten. Zusammen mit einem Mitspieler leitete der Trainer dazu noch eine Petition in die Wege, um eine erneute Prüfung des Asylantrags zu erreichen. Hierfür sieht er gute Chancen. Sicher ist der Erfolg aber natürlich nicht. Werden 50.000 Stimmen gesammelt, muss sich der Petitionsausschuss des Bundestags damit befassen. Auf Facebook schrieben seine Vereinskollegen dazu, dass mit Mou ein Mensch aus ihrem Leben gerissen werden soll, der sich in die Gesellschaft integrieren will. Der Aufruf erreichte bis heute mehr als 40.000 Menschen. Das Ziel ist fast geschafft.

Mit dem Aufruf ging es dann richtig los. Menschen aus ganz Deutschland meldeten sich. Da waren welche dabei, die in der Flüchtlingshilfe aktiv sind, andere, die das alles einfach nicht verstanden und hinnehmen wollten.

Die Zeitungen wurden auf den Fall aufmerksam und veröffentlichten Artikel über Mou. Der örtliche Radiosender berichtete über ihn und ein regionaler Rundfunksender drehte kurze Filme über Mou, die auf YouTube zur Verfügung stehen.

Die Abschiebung ist laut Regierungspräsidium nun „aus organisatorischen Gründen" erst mal gestoppt, aber nicht vom Tisch. Der Anwalt sieht das als Erfolg, weil der öffentliche Druck wohl zu groß geworden sei. Jetzt darf Mou vorerst bleiben, sein Asylverfahren wird neu aufgerollt, ganz so, als ob er sich zum ersten Mal in Deutschland gemeldet hätte. Er wird erneut vorsprechen und seine Fluchtgründe darstellen müssen.

Das Asylverfahren wird voraussichtlich zwei bis drei Jahre dauern, unter begünstigenden Umständen kann es jedoch deutlich schneller gehen.

„Ich kann in Frieden leben, ich bin so froh über die Menschen, die mir geholfen haben", sagt Mou. „Meine Eltern und meine Geschwister sind alle tot.

Die Spieler meiner Mannschaft sind meine Familie, sie sind Teil meines Alltags. Ich will unbedingt hier bleiben." Deutschland ist jetzt seine Heimat. Er wünscht sich einfach nur ein gutes Leben. Sein Traum ist es, hier eine Familie zu gründen.

„Als Mou nach Deutschland kam, hat er gesehen, wie sich ein Leben anfühlen kann, ohne politisch verfolgt zu werden", berichtet sein Trainer. „Ich habe ihm natürlich gesagt, dass es wie in Italien auch hier Menschen gibt, die über Flüchtende anders denken. Sicher handelt es sich dabei um eine Minderheit, aber es gibt sie."

Auf dem Spielfeld hat Mou schon einige fremdenfeindliche Kommentare gehört. Ausdrücke, die der Trainer nicht wiederholen möchte. Auch wenn Mou erst noch besser Deutsch lernen muss, hat er die Bedeutung der Worte meist verstanden. Es war ihm egal. Er hat einfach weitergespielt.

Kapitel 7: Hanad aus Somalia

„Ich werde es schaffen"

Die Wolken hängen heute besonders tief. Es regnet leicht, dazu kommt dieser unangenehme Wind. Ich will schnell ins Trockene. In der Bahnhofshalle treffe ich gleich Hanad, um mit ihm über das zu reden, was er erlebt hat. Er kommt aus Somalia und ist vor dem Terror geflohen, der im Land herrscht. Über Umwege hat er es bis nach Deutschland geschafft. Seine Geschichte interessiert mich. Er absolviert gerade eine Ausbildung zum Industriemechaniker. Kurz vor Weinachten ist er Vater geworden.

Er ist dabei, ein Teil der Gesellschaft zu werden, doch ob er in Deutschland bleiben darf, entscheidet erst noch ein Gericht.

Nach unserem Gespräch wird Hanad die wenigen Kilometer mit der S-Bahn zu seiner Freundin in der Flüchtlingsunterkunft fahren. Er hat sie hier in Deutschland kennengelernt, auch sie ist aus Somalia geflohen. Wir treffen uns in einem Café direkt am Bahnhof. Hanad, heute Anfang 30, war noch keine 20, als seine Reise ins Ungewisse begann. „In den vergangenen zehn Jahren habe ich mehr über das Leben gelernt als in den Jahren davor", beginnt er das Gespräch. Die lange Reise, die hinter ihm liegt, hat ihn verändert. Er möchte in Deutschland leben, mit seiner Familie glücklich werden. Doch immer wieder wache er morgens mit dem Wunsch auf, in seiner Heimat etwas zu verändern. In Somalia herrsche sehr viel Ungerechtigkeit, berichtet er. Wenige Menschen leben im Überfluss, viele andere sind dem Verhungern nahe. Schlimm in dem Land sei die Korruption, sie ist allgegenwärtig.

„Viele Menschen wollen aus ihrer Armut fliehen, doch dürfen sie dazu ihre eigene Moral verraten?“, fragt er mich. Gerade Politiker sollten alles für ihr Land und die Menschen tun.

Doch nicht nur Geld verführt zu unmoralischem und ungerechtem Handeln, oft ist es auch der Glaube oder dessen Auslegung. Damit würden sich manche Menschen über andere stellen und ihr Verhalten durch den Willen Gottes rechtfertigen, hat Hanad die Erfahrung gemacht. „Auch wenn wir in Somalia unterschiedliche Mentalitäten haben, wir sind alle gleich.“

Der Bürgerkrieg

Hanads Kindheit verlief glücklich. Er musste nicht arbeiten, wie viele andere Kinder im Land und konnte die Schule besuchen. In seiner Freizeit war er oft draußen, spielte mit Freunden oder seinen Geschwistern Fußball.

Doch so friedlich seine Kindheit war, so voller Ängste und Gefahren waren die Jahre danach. Jeder Somalier und jede Somalierin gehöre über die väterliche Abstammung zu mindestens einem Clan, erzählt mir Hanad. „Zu einem Clan dazuzugehören heißt, miteinander verbunden zu sein, wie in einer Familie."

Jede dieser Familiengruppen hat ihr eigenes Gericht und wird je nach Größe unterschiedlich behandelt.

Somalia befindet sich seit fast 30 Jahren im Bürgerkrieg, seit Siad Barre im Jahr 1991 gestürzt wurde. Der Diktator übernahm 1969 die Macht.

Um seine Stellung zu sichern, spielte er die Clans gegeneinander aus, doch diese organisierten einen bewaffneten Widerstand und stürzten den Diktator. Ein Machtkampf unter den Clans entbrannte. Es ging darum, wer in Zukunft das Land regieren soll.

Damit ist vor allem die Hauptstadt Mogadischu seit Jahren umkämpft. 2006 erlangte die unabhängige politische und militärische Dachorganisation Union islamischer Gerichte die Kontrolle über weite Teile Süd- und Zentralsomalias und schaffte vorerst in Mogadischu eine gewisse Stabilität. Dann wurde sie von einer Militärintervention des Nachbarlands Äthiopien verdrängt. Die Besatzer wollten die Islamisten und ihre Helfer von al-Qaida vertreiben. In der Hauptstadt fanden wieder schwere Kämpfe zwischen beiden Seiten statt.

Hanad befand sich mitten in diesen Auseinandersetzungen. Er beendete die Schule.

Er wollte studieren und sich frei bewegen können. Doch das war nicht einfach.

„Ich wagte mich kaum aus dem Haus, weil es auf den Straßen zu gefährlich war“, berichtet Hanad. Die Islamisten kamen auf Pick-ups mit aufmontierten Maschinengewehren. Sie zündeten ferngesteuerte Bomben und verübten Selbstmordattentate. Wann sie zuschlagen würden, wusste keiner. Hanad rührt in seinem Kaffee, es mache ihn traurig, wenn er daran denkt, was in dieser Zeit alles passiert sei, sagt er.

Die Menschen hatten Angst und verließen in Scharen die Stadt, auch seine Eltern. Er blieb, Somalia ist sein Heimatland. Er konnte im Laden seines Onkels arbeiten und dort Lebensmittel und Mobilfunkzubehör verkaufen. „Vom Geld, das ich verdiente, konnte ich meine Miete zahlen und ich hatte genug Zeit, meine Englischkenntnisse zu verbessern.“ Hanad hatte Pläne.

Die gefährliche Jugend

Der Bürgerkrieg veränderte sich. Der gefährlichste Gegner der Regierung war nun Al-Shabaab. Die islamistische Gruppe gründete sich aus einem militanten Flügel, der Shabaab, der Union Islamischer Gerichte. Das Ziel war es, klare Verhältnisse in dem chaotischen Bürgerkriegsland zu schaffen. Die Miliz beschwörte von Beginn an das Feindbild des Westens, aber vor allem Äthiopiens. Ihr gelang es schnell, breite Unterstützung im Land zu bekommen.

Ich hatte hin und wieder von dieser Terrororganisation gelesen. Die sunnitischen Fundamentalisten sind Teil des internationalen Terrornetzwerks al-Qaida und regieren Teile von Somalias Zentrum und den Süden des Landes. Immer wieder verüben sie Anschläge auf Hotels, Zivilisten und Sicherheitskräfte.

Im Sommer 2019 kommt es zu einem Sprengstoffanschlag in Mogadischu, bei dem nach Polizeiangaben 17 Menschen getötet und mindestens 28 weitere verletzt werden.

Al-Shabaab hat über ihren Rundfunksender die Tat für sich beansprucht. Unter den Toten sei der Polizei zufolge auch ein Selbstmordattentäter, der sein Auto an einem Kontrollposten in die Luft gesprengt haben soll. Eine Woche davor sind bei einem Anschlag auf ein Hotel in der Hafenstadt Kismayo im Süden des Landes 29 Menschen ums Leben gekommen. Auch dort hat sich ein Selbstmordattentäter in einem Auto vor dem Hotel in die Luft gesprengt, das oft von Politikern, sowie im Ausland lebenden Somaliern, besucht wird.

Die Fundamentalisten verbieten das Hören von Musik, das Rauchen und das Abschneiden von Bärten. Sie haben eine Scharia-Justiz eingerichtet, die zum Beispiel Ehebrecherinnen öffentlich steinigen lässt.

US-Soldaten und eine Friedenstruppe der Afrikanischen Union namens Amisom mit rund 22.000 Soldaten unterstützen die Regierung im Kampf gegen die Terroristen und das auch immer wieder erfolgreich.

Doch selbst wenn sie, wie im August 2011, die Terrormiliz aus Mogadischu vertrieben hatten – Al-Shabaab kontrolliert nach wie vor weite ländliche Gebiete und verübt auch immer wieder Anschläge in der Hauptstadt.

Wegen der Zustände im Land schließen sich viele junge Menschen in Somalia der Polizei oder der Armee an. Hanad wollte weder das eine noch das andere. „Ich kann keine Menschen töten, und ich will auch nicht sterben. Ich will leben und lernen.“ Hanad begann mit dem Jurastudium. Sein Ziel war es, für die Regierung zu arbeiten. Doch das Leben wurde in seiner Heimat immer unerträglicher. Hanad erzählt mir, wie schwer es war, Fremden zu vertrauen.

In den Straßen und Cafés waren Menschen, die von der Terrormiliz eigens dafür ausgebildet wurden, andere zu töten. „Zu erkennen waren sie nicht", sagt er. Aber sie trugen Waffen. Ein Anruf genügte und sie führten ihren Auftrag aus, schnell und zuverlässig.

Auch Schutzgeld sei ein großes Thema gewesen. Je nach Größe mussten Geschäftsleute und Ladenbesitzer bis zu 100.000 Dollar im Monat zahlen. Öffnete ein neues Geschäft, hatte der Besitzer auf Druck der Fundamentalisten den Firmennamen meist auf Arabisch anzubringen.

Die Macht von Al-Shabaab ist groß, sie reicht bis in Regierungskreise.

Es gäbe Menschen, die für die Regierung arbeiten und in der Vergangenheit mit der Terrororganisation in Verbindung gebracht wurden, weiß Hanad. Auf seinem Handy zeigt er mir einen Politiker, der vor einigen Jahren offiziell zur Terrormiliz gehört hatte. Er ist noch immer im Amt.

Ein anderer, ein Journalist, verbrachte wegen seiner Mitgliedschaft nur wenige Monate im Gefängnis. Seitdem lebt er als freier Mann, obwohl er in den Nachbarländern gesucht wird. Er arbeite mittlerweile sogar für die Regierung, sagt Hanad. Er versteht nicht, warum diese Menschen nicht gerecht bestraft werden.

Wenn jemand dieser Organisation angehört, kann er sie nicht einfach verlassen, sonst müsse er um sein Leben fürchten. Das sei wie bei der Mafia.

Hanad träumt von einem freien Leben. 2009 beschloss er über Ägypten nach Libyen zu reisen und dort sein Studium fortzuführen. Bis zu diesem Zeitpunkt war es für ihn unvorstellbar, in einem anderen Land zu leben.

Die ersten neun Monate verbrachte er damit, die arabische Sprache besser zu lernen. Dann besuchte er die Universität. Zusammen mit anderen ausländischen Studenten lebte er in einer separaten Wohnanlage.

Er bekam monatlich ein bisschen Geld vom Staat, von dem er sehr gut leben konnte. Sein Studium konnte er jedoch nicht beenden, denn nach etwa eineinhalb Jahren veränderte sich im Land die politische Lage.

Die Herrschaft Muammar al-Gaddafis fiel innerhalb weniger Monate in sich zusammen. Alles begann im Februar 2011, als die Polizei einen Menschenrechtsaktivisten festnahm.

In Bengasi, einer Hafenstadt im Nordosten Libyens, brach eine Rebellion aus, die sich binnen weniger Wochen zu einem Volksaufstand ausweitete. Die Macht Gaddafis bröckelte. Es kam zu Auseinandersetzungen. Anfang März eskalierte die Gewalt gegen die libyschen Rebellen. An den Grenzen zu Ägypten und Tunesien trafen die ersten Libyen-Flüchtlinge ein, und in den nachfolgenden Wochen verließen Zehntausende das Land – auch Hanad.

„Es war der 21. März als ich mich Richtung Tunesien aufmachen musste“, weiß er noch genau. „Ich zahlte einem Busfahrer etwa 50 Dollar, damit er mich bis zur Grenze mitnimmt.“ Den Rest des Weges ging er zu Fuß. „Bricht ein Krieg aus, muss man so schnell wie möglich das Land verlassen“, sagt Hanad.

Ein halbes Jahr blieb er in Tunesien. Doch Hanad träumte von Europa. Andere, die er dort kennenlernte und auch diesen Traum hatten, fragten ihn, ob sie gemeinsam fliehen wollten.

Nach einer Operation durfte er wochenlang das Bett nicht verlassen. Der Arzt erlaubte ihm auch keine schweren körperlichen Tätigkeiten. Daran halten konnte er sich nicht, er musste Geld für die Reise verdienen. „Natürlich war mir klar, welchen Gefahren ich mich mit dieser Flucht aussetzen werde“, sagt er.

Einige Tage suchten sie im Hafen nach einem Boot, das sie nach Europa übersetzen konnte. Schließlich fanden sie eines.

„Wir mussten uns so setzen, dass nur unsere Füße im Boot sind, das war nicht einfach“, beschreibt Hanad. Die Fahrt dauerte zwei Tage. Er hatte Angst.

Endlich in Europa

Hanad hatte nicht damit gerechnet, was ihn in Italien erwartete. Im Lager drängten sich zu viele Menschen auf viel zu wenig Platz. Es gab nicht genug Wasser für alle, und die hygienischen Zustände waren katastrophal. Im Lager sagten sie ihm, dass sie die kommenden Tage kein Bett für ihn haben werden. Er ging in eine nicht weit entfernte Kirche. Dort gaben sie ihm zu essen. Einen Platz zum Schlafen fand er in einer Gartenanlage.

Hanad wollte dort nicht bleiben. Er wollte weg aus Italien – es war ihm egal ob es Österreich, Schweiz, Deutschland oder Frankreich sein sollte. Er traf im Lager einen Freund, der ihm Geld für eine Fahrkarte gab.

An der österreichisch-deutschen Grenze sagten ihm die Beamten, dass er den Zug verlassen müsse, weil er keinen Pass hat.

Hanad beantragte in Deutschland Asyl und kam in Süddeutschland für eine Woche in das erste, dann in ein anderes Flüchtlingsheim. „Seitdem ist mein Leben deutlich ruhiger“, sagt er. Es geht langsam bergauf.

Er lernte eine Familie kennen, die für ihre Tochter einen Nachhilfelehrer in Arabisch suchte. Er konnte zwei Stunden in der Woche arbeiten und bekam pro Stunde zehn Euro. Die Familie half ihm auch dabei, seine Deutschkenntnisse weiter zu verbessern.

Hanad mag Deutschland, und er will hier arbeiten. Das sagte er auch der Familie. Sie unterstützte ihn bei der Suche nach einem Praktikumsplatz. Sie fanden eine Forschungseinrichtung, die ihm erst einen Platz in der Werkstatt und nach einem Jahr eine Ausbildung als Industriemechaniker anbot. Hanad war glücklich.

Mit den anderen Auszubildenden steht er seitdem in der Lehrwerkstatt und lernt Fertigkeiten wie Feilen, Drehen und Fräsen.

Schwierig war es in der Berufsschule. Er wiederholte das erste Ausbildungsjahr, das zweite meisterte er gut. Hanad ist begeistert von der Unterstützung, die er von seinen Kollegen erfährt.

Es läuft aber auch privat sehr gut. Er lernte in der Erstaufnahme eine junge Frau kennen, die ebenfalls aus Somalia kommt. Kurz vor Weihnachten wurde er Vater.

Es ist immer noch schwierig in der Heimat

Ob er in Deutschland bleiben darf, ist noch immer ungewiss. „Die Situation in Somalia ist zwar besser geworden", beginnt er, „doch trotzdem ist es nach wie vor schwierig und vor allem gefährlich." Al-Shabaab kontrolliert noch immer viele Gebiete im Land und der Bürgerkrieg besteht weiterhin, überall wird gekämpft.

Die deutsche Regierung scheint die Gefahr nicht zu erkennen, denn ob Hanad zurück muss, entscheidet erst noch ein Gericht. Es ist aber nicht nur der Terrorismus, der ihm Sorgen bereitet, wenn er an seine Heimat denkt. Im August 2012 wurde die Übergangsregierung aufgelöst und durch eine föderale Regierung ersetzt. „Diese Regierungsform funktioniert nicht in Somalia", sagt Hanad, „wir sind keine moderne Gesellschaft. Die Menschen können nicht frei wählen gehen, und nicht jeder Bürger hat eine Stimme. Wir haben in der Gesellschaft sehr große Probleme."

Hanad zweifelt manchmal, ob es richtig war, das Land zu verlassen. Hätte er bleiben und etwas tun müssen? Er hofft, die Menschen in seiner Heimat können in naher Zukunft ein normales, ein freies Leben führen. „Sie müssen lernen, andere Meinungen zu respektieren und sie müssen miteinander reden“, sagt er.

Hanad will Menschen, Gleichgesinnte finden, die so denken und fühlen wie er. Ein Grund für die Armut und die Missstände in der Gesellschaft sei sicherlich die mangelnde Bildung. Viele Menschen können weder lesen noch schreiben. Es besteht zwar Schulpflicht, aber die Regierung ist nicht darüber informiert, wie viele Kinder eine Familie hat. Und meist müssen die Kinder schon sehr früh arbeiten, um ihre Familien zu unterstützen. Nur wenn Eltern ihre Kinder auf die Schulen schicken, könne sich das Volk aus der Armut befreien, ist sich Hanad sicher. Somalia habe sehr viele Ressourcen, die gelte es, zu nutzen. Dafür brauche es Menschen mit Ideen und mit Wissen.

Klaus Schöffler

Positiv denken ist so wichtig

Hanad ist noch jung. Wenn ihm die Gelegenheit geboten wird, möchte er eines Tages studieren, vielleicht Politik. Er denkt positiv. Das sei so wichtig. „Wenn du jeden Tag das Schlimmste vor Augen hast, drehst du irgendwann durch." Er kennt Flüchtende, die die Hoffnung auf ein besseres Leben verloren haben. Ist man in dieser Abwärtsspirale gefangen, verliert man schnell den Halt und den Glauben an sich selbst. Hanad will die Kraft haben, weiterzumachen. „Ich will nicht aufgeben, ich weiß, dass ich es schaffen werde." Er ist zuversichtlich.

Und er ist glücklich, in Deutschland zu sein. Sein Ziel ist es, die Ausbildung erfolgreich zu beenden. „Ich habe mich in Deutschland gut integriert und ich beherrsche die Sprache", sagt Hanad. Nach der Ausbildung will er einen Arbeitsplatz finden und Geld verdienen, damit er für sich und seine kleine Familie sorgen kann. Vor Kurzem sprach ihn sein Ausbildungsleiter an. Er sagte zu ihm, dass sie gemeinsam eine Lösung finden werden.

Er meinte, Hanad wird nach seiner Ausbildung einen Vertrag für eine Festanstellung bekommen.

Wenn er an Somalia denkt, vermisst er seine Familie und seine Geschwister, die inzwischen selbst Kinder haben. Aber er möchte nicht, dass sein Kind dort aufwächst. Im Herbst starb sein Vater. Hanad hat ihn seit zehn Jahren nicht mehr gesehen. Er konnte in seinen letzten Stunden nicht bei ihm sein, das beschäftigt ihn. Zehn Jahre sind eine lange Zeit. Hanad hat in dieser Zeit mehr über das Leben gelernt als in den Jahren davor.

Kapitel 8: Abdou aus dem Senegal I

„Mein Traum hat jetzt eine andere Farbe, er ist schmutziger"

Es ist Sommer und es soll an diesem Tag bis zu 40 Grad heiß werden. Ich treffe Abdou in einem kleinen Café. Er hat Melisa mitgebracht. Sie kommt aus Somalia und arbeitet als Dolmetscherin. Sie ist eine Kollegin von Frieda. Zusammen arbeiten sie in derselben Erstaufnahme. Melisa hat sich bereit erklärt, zu übersetzen. Ich bin froh, dass sie zu dem Gespräch mitgekommen ist. Abdou spricht kein Englisch und nur wenige Brocken Deutsch.

Dafür Französisch, das er an manchen Stellen mit Spanisch vermischt. Sie lächelt, wenn sich seine Worte mischen. Es funktioniert sehr gut.

Von Abdou wusste ich nur, dass er aus dem Senegal kommt – und bisexuell ist. Ist das heute wirklich noch ein Thema, frage ich mich. Sicher gibt es auch in Deutschland Menschen, die befremdlich darauf reagieren. Doch verfolgt wird wegen seiner Sexualität in Deutschland keiner mehr. Schwule und Lesben können offen ihre Liebe zeigen, heiraten und als Paar Steuern sparen. Doch bis zum 11. Juni 1994 galten homosexuelle Handlungen in Deutschland tatsächlich unter bestimmten Umständen noch als strafbar. Verantwortlich dafür war der alte Paragraf 175 des Strafgesetzbuches, der noch aus der Kaiserzeit stammte und welchen die Nationalsozialisten verschärft hatten. Die Bundesrepublik hatte diese Regelung zuerst übernommen.

Zwar wurde die Bestrafung erwachsener Homosexueller wegen „Unzucht“ 1969 abgeschafft. Endgültig gestrichen wurde er aber erst an diesem 11. Juni.

So erfahre ich aus einem Bericht auf Weser-Kurier.de, dass nach Schätzungen in der Bundesrepublik bis dahin rund 100.000 Prozesse geführt und 64.000 Menschen verurteilt wurden.[12] Heute ist das undenkbar, doch im Senegal nicht: Homosexualität steht noch immer unter Strafe.

In einem Artikel von September 2018 lese ich auf queer.de, dass in der senegalesischen Hauptstadt Dakar zwei Männer und zwei Frauen festgenommen wurden. [13] Der Vorwurf: „unnatürliche Akte“ und ein „Verstoß gegen die Moral“. Private Videos seien aufgetaucht und verbreitet worden, die die Festgenommenen beim gleichgeschlechtlichen Sex zeigen sollen.

---

[12] https://www.weser-kurier.de/deutschland-welt/deutschland-welt-politik_artikel,-homosexualitaet-seit-25-jahren-in-deutschland-straffrei-_arid,1836574.html

[13] https://www.queer.de/detail.php?article_id=32023

Und genau das wird in dem westafrikanischen Land mit 15,4 Millionen Einwohnern nach Paragraph 319 des Strafgesetzbuches mit bis zu fünf Jahren Haft oder einer Geldstrafe geahndet.

Das Gesetz geht noch auf die französische Kolonialzeit zurück. „Dort wo ich geboren und aufgewachsen bin, besteht die Bevölkerung zu 97 Prozent aus Muslimen.

Die Menschen sind streng religiös", übersetzt mir Melisa die Worte von Abdou. „Homosexualität darf in deren Augen nicht akzeptiert werden." Zu Gefängnis oder Geldstrafe kommen Diskriminierungen und Beleidigungen. Ein normales Leben ist für die Betroffenen nicht mehr möglich. Auch in Deutschland ist für viele ein Coming Out oft schwer: Wie reagiert mein Umfeld, meine Freunde, meine Familie? Werden sie sich abwenden oder zu mir stehen? Abdou musste sich diese Fragen nicht stellen, er wusste es bereits.

Geheime Beziehungen

Er war gerade 18 Jahre alt, als er einen Mann kennenlernte und sich verliebte. Erzählen durfte er es niemandem. Abdou war sich der Gefahr bewusst, musste aber herausfinden, wie er tatsächlich fühlte. Gemeinsam gingen die beiden für eine Woche in eine andere Stadt. „Danach trafen wir uns oft heimlich in seiner kleinen Wohnung", sagt er.

Sie versuchten, ihre Beziehung geheim zu halten, wurden aber gesehen. „Die Menschen fingen an zu reden“, erinnert er sich. Er hatte Angst. Er ging nach Dakar in der Hoffnung, mehr Toleranz zu finden. Da war er mit diesem Mann schon nicht mehr zusammen. „Als das Gerede anfing, verschwand er“, sagt Abdou. Doch auch in der Hauptstadt fühlte er sich nicht frei. Er wollte nach Europa.

Mit etwa 20 Jahren reiste Abdou vom Senegal über Marokko nach Spanien. „Ich verbrachte etwa ein Jahr dort“, erzählt er mir.

Hier musste er sich wegen seiner Sexualität nicht verstecken. Das Leben als Flüchtender sei nicht einfach gewesen. Ohne Aufenthaltserlaubnis durfte er nicht arbeiten und hatte damit auch kein Geld. In der Hoffnung auf ein besseres Leben ging er nach Frankreich. Dort traf er immer wieder auf Menschen aus dem Senegal, die in Hinblick auf Sexualität ebenso dachten wie die Menschen in seiner alten Heimat. Für ihn war es zu gefährlich. Nach einem halben Jahr kehrte er zurück nach Spanien und blieb dort illegal für weitere zwölf Jahre.

Er fand immer wieder Arbeit, um etwas Geld zu verdienen. Als ihm die Abschiebung drohte, floh er nach Deutschland, um dort Asyl zu beantragen – das erste Mal, seit er europäischen Boden betreten hat. „Ich hatte Freunde, die mir sagten, dass das Leben hier viel besser sei als in Spanien", sagt er. Abdou hat einen Traum: Er will frei sein und arbeiten. Er ist sich sicher: In Deutschland wird alles gut.

Das Leben hier ist schwierig

Er schüttelt den Kopf. „Was ich damals dachte und was ich heute erlebe, unterscheidet sich sehr." Abdou ist mittlerweile Anfang 40. Sein Traum hätte eine andere Farbe bekommen, er sei schmutziger geworden, sagt der Senegalese enttäuscht. Hier in Deutschland darf er nicht arbeiten, und das Taschengeld, das er in der Erstaufnahme bekommt, ist zu wenig, um sich etwas aufbauen zu können. Sein Leben hier sei schwierig. „Als ich nach Deutschland kam, wog ich 72 Kilogramm, wenige Monate später waren es nur noch 65."

Im Sommer besuchte er den Christopher-Street-Day. Er trug ein Shirt, das offen seine Sexualität zeigte, kein schräger Blick, keine Anfeindung. Er schaut mich an und fragt: „Warum akzeptiert die deutsche Regierung genau das, nicht aber, dass ich aus dem Senegal komme? Sie sagen, der Senegal sei ein sicheres Herkunftsland. Aber auch wenn dort kein Krieg herrscht, bin ich nicht sicher.

In den vergangenen Jahren kam es in meiner Heimat immer wieder zu Festnahmen. Wie können sie mich zurückschicken wollen?“ Menschen mit einer anderen Sexualität haben kein freies Leben dort, sie werden nicht akzeptiert.

Als Abdou die Ablehnung seines Asylantrags bekam, nahm er sich einen Anwalt und reichte eine Klage ein. Er weiß nicht, ob er bis zur Entscheidung warten kann. Er überlegt, nach Spanien zurückzugehen. Denn er träumt noch immer davon, frei zu sein und arbeiten zu können.

In Deutschland stehen die Chancen dafür nicht gut. Sein Ausweis wurde bisher nicht verlängert. Damit hat er keine Chance, auf legalem Wege eine Arbeit zu finden. Erwischt ihn die Polizei, droht ihm die Abschiebung.

Kapitel 9: Amara aus Nigeria

„Der Gedanke ist schier unerträglich"

Amara wurde in ihrer Heimat Nigeria als kleines Mädchen beschnitten. Sie und ihr Mann Kobe wollten unter keinen Umständen, dass, falls sie jemals eine Tochter bekommen sollten, sie dieses grausame Ritual der Genitalverstümmelung ebenfalls erleiden muss. Ich treffe die beiden nicht persönlich. Frieda erzählt mir von ihnen. Mit dem Thema der Genitalverstümmelung als Fluchtursache hatte ich mich bis dahin noch nicht auseinandergesetzt.

Das, was ich darüber lese, macht selbst den Gedanken daran schier unerträglich. In Nigeria gilt es vielerorts als unrein, wenn Frauen nicht zumindest ein Teil ihrer Klitoris abgetrennt wurde. Oft werden den Mädchen oder Frauen auch die ganze Klitoris entfernt und die kleinen Schamlippen abgeschnitten. Manchmal auch die großen. Die äußeren Genitalien werden entfernt und bis auf ein kleines Loch – zum Wasser lassen – vernäht. Damit wird sichergestellt, dass das Mädchen als Jungfrau in die Ehe geht. Das Ritual findet ohne Betäubung statt, die Schmerzen müssen kaum auszuhalten sein. Etwa ein Viertel der betroffenen Mädchen und Frauen stirbt während der Genitalverstümmelung oder an den Folgen. „Es kann dabei zu Blutverlust, zu Infektionen, Wucherungen, Fistelbildung oder chronischen Schmerzen kommen", erläutert mir Frieda.

„Die jungen Frauen haben Schwierigkeiten beim Urinieren und Menstruieren, leiden unter Inkontinenz, Unfruchtbarkeit und es besteht ein hohes Geburtsrisiko für Mutter und Kind.

Die Mädchen erleiden so heftige Schmerzen, dass sie nach diesem Eingriff häufig unter Angststörungen, Schlaflosigkeit oder posttraumatischen Störungen leiden."

Ist die Wunde zugenäht, bleibt zum Abheilen kaum Zeit. Denn die Wunde wird bei der jungen Frau sowohl zu Beginn ihrer Ehe als auch bei und nach jeder Geburt „geöffnet". Sie muss jedes Mal neu verheilen.

Es handelt sich um das eigene Kind

Warum dieses Ritual immer noch vollzogen wird, ist unbegreiflich, schließlich handelt es sich um die eigene Tochter, Enkeltochter oder Nichte.

Nach Schätzungen der Weltgesundheitsorganisation droht jedes Jahr drei Millionen Mädchen, beschnitten zu werden. Das passiere meist unter schlimmen hygienischen Bedingungen, sagt Frieda. Die Mädchen werden oft nicht betäubt. Zum Einsatz kommen Glasscherben, stumpfe Klingen oder Scheren.

Die Gründe der Beschneidung seien unterschiedlicher Art und tief in der jeweiligen Kultur verwurzelt, lese ich: Wer als Kind seine Klitoris herausgeschnitten bekommt, lernt, dass der eigene Körper fehlerhaft sei.

Weil die Verstümmelung praktiziert wird, um das Lustempfinden von Mädchen zu reduzieren, lernen sie, dass ihre Wünsche, Fantasien und Bedürfnisse verwerflich und sie aufgrund ihres Geschlechts minderwertig seien.

Zum Teil sollen Frauen auf ihre zukünftigen Ehemänner auch 'attraktiver' wirken, wenn sie beschnitten werden. Das werde ich später von einer Geflüchteten aus Gambia erfahren. Andere Kulturen hingegen wollen, dass die Frau beim Geschlechtsverkehr weniger Befriedigung verspürt als der Mann – oftmals wird das auch als Praktik gegen ein Fremdgehen eingesetzt.

In einem Artikel aus dem Jahr 2017 erfahre ich, dass in Teilen Nigerias die Genitalverstümmelung bereits verboten ist und dieses Verbot im ganzen Land bestehen soll.[14] Als Amara mit ihrem Mann das Land verließ, war dieses Gesetz noch nicht verabschiedet. Doch auch mit diesem Gesetz besteht die Gefahr.

---

[14] https://wienerin.at/nigeria-verbietet-genitalverstummelung-frauen

Denn die Einstellung der Bevölkerung zu diesem grausamen Ritual verändert sich nur langsam. Und gerade in den ländlichen Gebieten wird es trotz Verbot immer noch praktiziert.

Klaus Schöffler

Für zwei Jahre sicher

Amara war hochschwanger als sie mit Kobe in einem Flüchtlingscamp im italienischen Mantova ankam. „Wegen der Gefahr, die in ihrer Heimat drohte, erhielten die beiden in Italien humanitären Schutz und einen Aufenthalt für zwei Jahre", erzählt mir Frieda. Der wesentliche Inhalt des humanitären Schutzes besteht in der Zusicherung, jemanden nicht in den Staat abzuschieben, in dem ihm Gefahr droht.

Die beiden bekamen etwa 75 Euro im Monat. Sie mussten den Raum, in dem sie lebten, mit drei Familien teilen. Zehn Menschen nutzten gemeinsam ein Bad und eine Küche. Fünf Monate nachdem sie das Lager erreicht hatten, kam ihr Sohn zur Welt, etwa ein Jahr später ihre Tochter. Für das zweite Kind bekamen sie weder Geld, Kleidung noch ein Bett.

Kobe besuchte die Schule, um die Sprache zu lernen. Obwohl er in Nigeria als Maler und als Schuster gearbeitet hatte, erhielt er keine Arbeitserlaubnis.

Verzweifelt versuchte er, in Italien eine Beschäftigung zu finden. „Die italienische Regierung erwartet von den Geflüchteten, dass sie selbstständig eine Arbeit finden“, erklärt mir Frieda. „Schaffen sie das nicht, werden sie nach einem Jahr oft auf die Straße gesetzt.“ Kobe fand keine Arbeit. Damit wurde ihr Aufenthaltstitel nicht verlängert. Zwei Jahre nach ihrer Ankunft schickte die Regierung einen Brief mit der Aufforderung, dass die Familie das Camp verlassen und in ihre Heimat zurückkehren soll.

Völlig auf sich allein gestellt

Als die Polizisten in das Lager kamen, gaben sie ihnen zehn Tage Zeit, es zu verlassen. „Sie waren ab jetzt auf sich allein gestellt. Sie hatten keine Ahnung, wie es weitergehen soll", beschreibt mir Frieda die Situation. Sie bekamen keinerlei Informationen. Zurück in die Heimat zu gehen, war für die vier keine Option.

Sie verließen das Lager und waren von nun an obdachlos. Für Amara war das eine sehr schlimme Zeit gewesen. Sie machte sich sehr große Sorgen um ihre beiden Kinder.

„Eine Woche lang schliefen sie auf der Straße", erzählt mir Frieda. Es war kalt, sie hatten nichts, kein Essen, nicht mal Windeln für ihre Kinder. Um Geld für Essen zu bekommen, bettelten sie. Dann beschlossen sie, nach Deutschland zu gehen. In Italien hatten sie kein Leben und keine Perspektive.

Ob sie in Deutschland bleiben dürfen? Frieda weiß es nicht. Amara sei zwar beschnitten, aber das reiche nicht, um ein Bleiberecht zu erhalten. Dass die Gefahr der Verstümmelung ihrer Tochter bei einer Abschiebung droht, gilt dagegen zwar als Grund, das Bundesamt muss dafür jedoch eine konkrete Gefahr sehen. „Das sieht die Behörde leider oft nicht", beklagt Frieda. Amara hat Angst um ihre Tochter.

Kapitel 10: Cirah aus Kamerun

„Heimat sei ein Gefühl, kein Ort, sagt man"

„Ich habe meinen Freund vor drei Jahren das letzte Mal gesehen", berichtet mir Cirah. Sie sitzt mir in einem kleinen Café gegenüber. Sie ist nicht allein. Fayola, eine Freundin von ihr, ist mitgekommen, um zu übersetzen. Fayola kommt aus Togo und lebt seit einigen Jahren hier in Deutschland. Cirah möchte mit ihren beiden Kindern auch in Deutschland bleiben. Sie träumt davon, in der Altenpflege zu arbeiten oder im Sicherheitsdienst. Fayola schaut sie erstaunt an und muss lächeln, als ihre Freundin ihren zweiten Berufswunsch äußert. „Die Behörden sagen, ich muss zurück in meine Heimat Kamerun, aber das kann ich nicht." Ihre Heimat sei jetzt hier.

Was sie erlebt hat, bis sie mit dem Bus in Deutschland angekommen ist, hat sie schwer mitgenommen.

Cirah ging noch zur Schule, als sie von ihrem Freund schwanger wurde. Sie liebte ihn, heiraten durfte sie ihn aber nicht. „Meine Familie akzeptierte ihn nicht. Mein Vater wollte, dass ich mich mit einem reichen und um Jahrzehnte älteren Mann vermähle“, erzählt Cirah. Dafür war der ältere Mann bereit, viel Geld an ihre Familie zu zahlen. Sie wollte nicht zu ihm, aber was sie wollte, war für ihre Familie nicht von Bedeutung. Ihr Vater übte so lange Druck auf sie aus, bis sie schließlich einwilligte.

Kamerun liegt in Zentralafrika an der westafrikanischen Küste. Der Atlantische Ozean bildet eine natürliche Grenze des Landes. Äquatorialguinea, Gabun, Kongo, die Zentralafrikanische Republik, Tschad und Nigeria sind die Nachbarländer.

Der Süden des Landes ist nicht weit vom Äquator entfernt. Viele Frauen haben in Kamerun kein leichtes Leben.

So sind sie durch das Gesetz zum Beispiel nicht vor familiärer, gesellschaftlicher und staatlicher Diskriminierung geschützt. Sie können auch schon als Minderjährige ab 15 Jahren verheiratet werden.

Frauen als Besitz

Laut Verfassung sind Mann und Frau zwar gleichgestellt, nicht aber nach den Gesetzen. Wenn der Mann familiäre Interessen geltend macht, kann er jederzeit verhindern, dass seine Frau arbeitet oder selbstständig Geschäfte führt. Frauen verrichten nicht nur die täglich anfallende Hausarbeit, sondern verdienen oft auch einen großen Anteil des Lebensunterhaltes ihrer Familien. Weil sie ihrem Ehemann zu Gehorsam verpflichtet sind, haben sie meist über das verdiente Geld keine Kontrolle.

„Ehemänner betrachten ihre Frauen oft auch als ihren Besitz, nicht als Partnerin", erfahre ich von Frieda, die Cirah im Aufnahmezentrum betreut hat. „Kommt es zu häuslicher Gewalt, sind Frauen laut Gesetz nicht davor geschützt.

Sie können geschlagen, zum Geschlechtsverkehr gezwungen oder in anderer Weise missbraucht werden, ohne dass dem Mann Konsequenzen drohen." Dieses Schicksal erlitt auch Cirah, obwohl sie noch nicht verheiratet war.

Als wir uns im Café gegenübersitzen, macht sie nur Andeutungen. Es fällt ihr schwer, darüber zu reden.

Frieda erzählte mir vor unserem Treffen, dass Cirah bis heute unter den psychischen Folgen leidet. Im Café redet sie in einem ruhigen Ton mit mir. Fayola übersetzt ihre Worte, kommt dabei immer wieder ins Stocken und schaut ihre Freundin erschrocken an. Nachdem Cirah ihr Kind zur Welt gebracht hatte, zwang sie der ältere Mann zur Prostitution. Immer wieder wurde sie von Fremden vergewaltigt.

Weil in Kamerun Prostitution verboten ist, nahm die Polizei sie fest. „Ich war fast eine Woche in Gewahrsam", erzählt sie mir.

Als sie wieder auf freiem Fuß war, ging sie heimlich mit ihrem Kind zu ihrem Freund, sie wollte nur noch weg von diesem Mann, der bald ihr Ehemann hätte werden sollen. Doch bei der Familie ihres Freundes war sie nicht glücklich. Sie spürte, dass sie nicht willkommen war.

Der ältere Mann suchte nach ihr. „Wir sahen nur noch einen Ausweg“, sagt Cirah. „Wir mussten fliehen, weg von der Familie meines Freundes und weg von der geplanten Hochzeit.“

Klaus Schöffler

Auf der Flucht

Ihr Weg führte sie zuerst in eine andere Stadt. Das Leben dort sei nicht einfach gewesen, sagt sie. Sie kannten niemanden, hatten keine Freunde, keinerlei Kontakte – und sie fanden keine Arbeit. Ihrem Freund ging es zu der Zeit nicht gut, häufig war er schlecht gelaunt, manchmal aggressiv. Egal, wo sie hinkamen, sie zogen Probleme an, sagt sie. In dieser Zeit kam ihr zweites Kind auf die Welt. „Wir entschieden uns, ins benachbarte Nigeria zu gehen, weg aus der Heimat", erzählt Cirah. Da war ihr zweites Kind etwa zwei Monate alt. Doch auch hier fanden sie keine Arbeit. Einen Monat blieben sie. Die Leute sagten ihnen, dass sie in Algerien ganz sicher Arbeit finden werden. Mit dem Auto waren sie zwei Wochen unterwegs. Meistens schliefen sie in der geschützten Umgebung eines Bahnhofs.

Doch auch in Algerien hatten sie kein Glück. Schließlich gingen sie nach Libyen. „Wir wollten endlich arbeiten und Geld verdienen, wir hatten kaum noch zu essen“, sagt Cirah. Sie waren überzeugt, in Libyen wird alles besser.

Ihr Freund konnte auf einer Baustelle aushelfen und etwas Geld verdienen. Cirah passte auf die Kinder auf. Aber so einfach, wie sie es sich vorgestellt hatten, war es nicht. Denn frei sollten sie schon bald nicht mehr sein. „Weil wir aus dem Ausland kamen, haben uns Soldaten einer Miliz festgenommen und in ein Lager gesperrt“, erinnert sie sich. Wieder erlebte sie Gewalt. Sie seien geschlagen worden, vor allem ihr Freund. Nachdem die Polizei kam und sie aus den Händen der Miliz befreit hätte, waren sie noch immer nicht frei – und bald auch nicht mehr zusammen.

Trennung bis heute

Weil in Libyen Männer und Frauen, die nicht verheiratet sind, auch nicht zusammenleben dürfen, kam Cirah mit ihren Kindern in ein Lager, in dem sich nur Frauen befanden. Ihr Freund wurde in einem Gefängnis untergebracht.

Von nun an begann die längste Zeit ihrer Trennung. Das Schlimmste sei damals die Ungewissheit gewesen, sagt sie. Sie hatten keinen Kontakt. Wie geht es ihm? Lebt er noch? Sie wusste nicht, wo ihr Freund war. Sie war die ganze Zeit nur mit ihren Kindern zusammen. Sie rechnete damit, dass ihr Freund, falls er noch am Leben sei, zurück in die Heimat geschickt würde. Aber sie wusste es nicht. Dazu kam die ständige Gewalt im Lager. Sie wurde immer wieder misshandelt. Selbst ihre Kinder seien geschlagen worden. Sie hatte Angst, dass sie das Lager nicht überleben würde.

Doch sie durfte das Lager auch verlassen und in einem Restaurant arbeiten. Dort lernte sie die Besitzerin kennen.

„Als wir miteinander redeten, schlug sie mir vor, mir zu helfen, nach Europa zu kommen“, berichtet Cirah. Die Frau organisierte alles, Cirah musste für nichts aufkommen.

Die Orientierung verloren

Die Reise wurde zu viel für sie. „Wir waren in einem Schlauchboot die ganze Nacht und einen Tag auf dem Meer.“ Während der Fahrt verlor sie die Orientierung. „Ich wusste nicht, wo ich war“, sagt sie. Es sei so eng gewesen auf dem Boot. Vier ihrer Mitreisenden starben im Wasser. Sie hatte Angst um ihre Kinder, aber auch um ihr eigenes Leben. Dann kam ein Schiff der italienischen Regierung.

„Wir wurden evakuiert“, sagt sie. Drei weitere Tage waren sie unterwegs. Es war frustrierend, sie konnten sich auf dem Schiff kaum bewegen, zu viele Menschen, keine Privatsphäre, und sie wusste nicht, was an Land auf sie wartet. Endlich kamen sie an der italienischen Küste an.

Cirah war psychisch angeschlagen, die lange Reise seitdem sie Kamerun verlassen hatten, die Gewalt, die sie erlebt hatte, und die Gedanken und Ängste um ihren Freund, all das war zu viel für sie. Für zwei Wochen kam sie in psychologische Behandlung.

Sie verbrachten etwa eineinhalb Jahre in Italien. Keiner kümmerte sich in dieser Zeit um sie und ihre Kinder. Denen machten die Erlebnisse der vergangenen Monate ebenfalls schwer zu schaffen. Cirah hatte Schmerzen. Sie kämpfte mit einer Blinddarmentzündung, was sie aber zu diesem Zeitpunkt noch nicht wusste. Auch ihrem Sohn ging es nicht gut. Später stellte sich heraus, dass er ein Ödem im Bauch hatte. Im Krankenhaus in Italien hieß es nur: „Kommen Sie morgen wieder." Flüchtende Menschen werden als Patienten nicht ernst genommen, das war ihre Erfahrung. Cirah wollte unbedingt gesund werden. „Wäre ich noch länger dort geblieben, wäre ich wahrscheinlich gestorben", sagt sie. Im Lager lernte sie eine Frau kennen, die ihr von Deutschland erzählte. Das Leben solle dort besser sein.

Cirah entschied sich, nach Deutschland zu gehen – mit dem Reisebus. Ohne Papiere wollte der Fahrer sie zuerst nicht hinein lassen.

Als sie es mit ihren Kindern trotzdem schaffte, drohte der Fahrer ihr mit der Polizei – in Deutschland.

„Kein Problem“, sagte Cirah zu ihm. „Hauptsache wir sind dort.“ An der Grenze beantragte sie Asyl. Sie kamen für zwei Tage in die erste Aufnahme, für vier Monate in eine andere. Endlich durfte sie auch medizinische Hilfe in Anspruch nehmen. Im Krankenhaus wurden sie und ihr Sohn operiert.

Endlich eine Perspektive

Das ist jetzt zwei Jahre her. Cirah isst langsam ihr Eis. Es ist fast geschmolzen. Seit wir miteinander reden, hat sie kaum etwas davon gegessen. Die Erlebnisse machen ihr zu schaffen. Sie ist traumatisiert, wie mir Fayola sagt. Doch in Deutschland gehe es ihr wesentlich besser. Cirah ist froh, hier zu sein, dankbar. Das Land hätte ihr und ihren Kindern sehr geholfen. Sie hat endlich eine Perspektive. Doch noch immer hat sie keine gültigen Papiere.

Sie macht gerade einen Sprachkurs, um die deutsche Sprache besser zu lernen. Bekommt sie Kindergartenplätze für ihre beiden Kinder, kann sie endlich anfangen, sich für eine Ausbildung zu bewerben, sagt sie. Noch wohnt sie in der Erstaufnahme, aber auch das soll sich bald ändern. Ich merke bei ihr: Heimat ist kein Ort, es ist ein Gefühl.

Die Wahrheit ist eine andere. Sie weiß nicht, wie es mit ihr weitergeht und ob sie in Deutschland bleiben darf.

Ihr Asylantrag wurde zwar akzeptiert, aber für negativ befunden. Das heißt, dass die Gründe, warum Cirah Asyl beantragt hat, nicht ausreichen. „Die deutschen Behörden sagen, dass ich mit meinen Kindern zurück nach Kamerun muss", sagt Cirah. Würde sie von der eigenen Regierung im Land verfolgt werden, zum Beispiel wegen ihrer politischen Meinung oder ihrer Religion, sähe das anders aus. Sie hat einen Anwalt eingeschaltet.

Dann ist da noch ihr Freund. Sie weiß nicht, ob er noch lebt. Als sie mit ihren Kindern in Deutschland ankam, unterstützten sie Mitarbeiter der Erstaufnahme, beim Roten Kreuz eine Suchanfrage zu starten. Vor drei Jahren sah sie ihn das letzte Mal.

Kapitel 11: Efia aus Gambia

„Er hat meine Seele gebrochen"

Noch immer trägt Efia wulstige Narben auf ihrem Körper. Irgendwann werden sie verschwinden und ganz verheilt sein. Die Narben auf ihrer Seele werden das wahrscheinlich nie. Frieda betreut Efia schon seit einigen Wochen. Das erste Mal berichtete sie mir von ihr, als sie gerade im Menschenrechtszentrum waren. Das ist eine gemeinsame Initiative verschiedener Menschenrechts- und Flüchtlingshilfsorganisationen.

Hier soll unter anderem die Zusammenarbeit zwischen diesen Organisationen gestärkt und Lobbyarbeit für die Menschenrechte gemacht werden. Efia ist dort schon einige Male gewesen.

Sie suchte nicht nur Rat, sondern auch Unterstützung, damit ihre psychologischen Gutachten vom Bundesamt für Migration (BAMF) akzeptiert werden. Vielleicht ist das ihre einzige Chance, in Deutschland bleiben zu dürfen. Als sie in Deutschland ankam, wurde sie psychologisch untersucht. Ein Arzt bestätigte eine posttraumatische Belastungsstörung, schwere depressive Episoden und Panikstörungen.

„Für Geflüchtete ist es sehr schwierig, die vom BAMF geforderten Unterlagen zu bekommen", sagt Frieda. Damit wird es den Menschen fast unmöglich, überhaupt Asyl zu erhalten, egal ob Menschenhandel, Zwangsprostitution oder Zwangsheirat ihre Fluchtursachen sind.

Angst, mit einem Mann zu reden

Zurück in ihre Heimat kann sie nicht. Sie weint, wenn sie über die Zeit spricht, die hinter ihr liegt. Dann zittert sie am ganzen Körper. Bis heute hat sie Angst, mit einem Mann zu reden.

Ihre Heimat ist Gambia, ein kleines, vom Senegal umschlossenes Land in Westafrika mit einem schmalen Küstenstreifen am Atlantik. Die Fläche beträgt nur knapp über 10.000 Quadratkilometer. Das Land erstreckt sich beiderseits des gleichnamigen Flusses über eine Länge von etwa 375 Kilometern vom Atlantik ins Innere des Kontinents. An seiner breitesten Stelle ist Gambia nur etwa 50 Kilometer und an seiner schmalsten Stelle an der Küste nur drei Kilometer breit. Efia lebte dort zusammen mit ihrem ersten Ehemann, einem Koran-Lehrer, und ihren sechs Kindern. Um etwas Geld zu verdienen, holte sie im Senegal Gemüse und verkaufte es auf dem Markt.

Einen Beruf hat sie nie erlernt. „Wir waren arm, wir waren aber auch glücklich und zufrieden“, sagt sie. Bis ihr Mann erkrankte und schließlich starb.

Efia weint. Das Leben, so wie sie es kannte, war mit einem Schlag vorbei. Schon kurze Zeit nach der Beerdigung beschloss ihre Familie, sie mit ihrem Schwager zu verheiraten. Sie liebte ihn nicht und wollte schon gar nicht die Hochzeit. Aber was sie wollte, zählte nicht, denn ihre Familie entschied, was gut für sie ist.

Das Sagen in einer Großfamilie in Gambia hat der Mann, während die Frauen für Haushalt und Kindererziehung verantwortlich sind. Meist leben mehrere Familien des gleichen Stammes in einem Verbund zusammen. Dieser Wohngemeinschaft steht ein Oberhaupt vor, und das ist in der Regel der älteste Mann. Dieser ist verantwortlich für alles, was in diesem Verbund passiert. Er muss zum Beispiel einer Taufe zustimmen – oder einer Hochzeit. Bei Efia ist das Oberhaupt ihr Vater.

Leben wie im Albtraum

Sie und der Bruder ihres verstorbenen Mannes heirateten traditionell. „Schon bald fühlte sich mein neues Leben wie ein Albtraum an", erzählt sie. Sie musste das Geld verdienen, weil er nicht arbeiten wollte. „Wir stritten uns ständig. Er beschimpfte mich, und immer wieder wurde er gewalttätig", sagt sie. Es ging sogar so weit, dass er sie würgte und nach ihr trat. „Nachts hat er mich gezwungen, mit ihm zu schlafen.

Ich weinte und wehrte mich. Ihm war das egal. Mein Ehemann hat meine Seele gebrochen."

Die Beschimpfungen, Beleidigungen und Bedrohungen hörten nicht auf. Er drohte ihr sogar mit Beschneidung. „Er sagte einmal zu mir, dass ihm beschnittene Frauen besser schmecken würden", sagt sie. In Gambia müssen sich immer wieder Frauen und junge Mädchen diesem grausamen Ritual unterziehen.

Die Genitalverstümmelung ist im Land zwar seit 2016 offiziell verboten, doch das Verbot wird bei Weitem nicht konsequent durchgesetzt. Trotzdem vorgenommene Verstümmelungen werden kaum bestraft.

Immer wieder schlug er sie mit allem, was er in die Finger bekam, das konnte ein Stock oder ein Kabel sein. Eines Tages hat er sie so sehr verprügelt, dass sie mit schweren Verletzungen ins Krankenhaus kam. Ihre Freundin besuchte sie dort und machte Bilder von ihren Verletzungen. Die Bilder schickte sie an Efias Schwester, die mit ihrer Familie in Dänemark lebte. „Hilf ihr, sonst wird das nicht gut enden“, schrieb sie dazu.

„Nachdem ich aus dem Krankenhaus kam, telefonierte ich mit meiner Schwester über Video“, erzählt Efia. „Als sie sah, wie er mich zugerichtet hatte, ist sie erschrocken und musste weinen.“

Das Krankenhaus hatte während ihres Aufenthalts die Polizei über Efias Misshandlungen informiert. Die Polizisten nahmen ihren Ehemann fest.

„Ich habe gegen ihn ausgesagt, aber mein Vater hat für ihn gebürgt“, sagt sie. Ihr Vater wollte die Ehe unbedingt aufrechterhalten. „Es handelt sich um eine Familienangelegenheit, sagte er zu mir. Falls dein Mann wieder gewalttätig werden sollte, werde ich mich darum kümmern. Gehe unter keinen Umständen zur Polizei.“ Ihr Mann kam auf freien Fuß, Efia musste zurück zu ihm. Er war wütend, beschimpfte sie und drohte ihr. Ihn hätte bisher noch niemand ins Gefängnis gebracht. Falls das nochmal vorkommen sollte, werde er sie töten und ihre Leiche vergraben.

Sie ging zu ihrem Vater, berichtete ihm von den Drohungen. Eine Frau müsse gehorchen, damit ihre Kinder eine gute Zukunft haben werden, das sei deren Kultur, sagte er nur zu ihr.

„Wenn er mich tötet, werden mich meine Kinder nicht mehr lange erleben“, erwiderte sie. Sie wusste genau: Sie ist ihres Lebens nicht mehr sicher. Ihr Vater stand nicht hinter ihr, er hätte alles dafür getan, um die Ehe aufrechtzuerhalten.

Ihre Mutter versuchte zwar, sie zu trösten, war für sie da, riet ihr aber zur Geduld. Auch sie wurde einst in die Ehe gezwungen.

Träume von Deutschland

Um Geld zu verdienen, konnte Efia in einem Hotel als Putzfrau arbeiten. „Dort waren oft Urlauber aus Europa zu Gast gewesen", berichtet sie. Vor allem die deutschen Gäste hätten sie beeindruckt. Sie gefielen ihr, sie waren immer sehr freundlich und höflich.

Jedes Jahr kommen für wenige Hundert Euro Touristen ins Land, um dem europäischen Winter zu entfliehen. Die Einheimischen sehen sie als Menschen, denen es gut geht, die nicht arm sind. „Ich dachte, in Deutschland wird es mir gut gehen, dort bin ich sicher."

Sie träumte von einem Leben in Deutschland. Sie wusste, sie muss weg, sie hatte Angst um ihr Leben. „Egal wo ich mich in Gambia verstecken würde, mein Ehemann und mein Vater würden mich finden", ist sie sich sicher. Das Land sei zu klein. Es gäbe keinen Ort, wo sie hingehen könnte.

Als ihre Schwester aus Dänemark zu Besuch kam, um die Familie zu sehen, kam es zu einem Vorfall, bei dem das Kind ihrer Schwester starb, erzählt Efia. Wie das passiert sei, sagt sie nicht. Ihre Schwester wollte nicht allein mit ihrem toten Kind zurück und bat Efia, sie zu begleiten. Ihre Schwester beantragte für sie ein Visum. Gemeinsam reisten sie nach Europa. Für Efia war dies das erste Mal, dass sie Afrika verließ.

Die Flucht beginnt

Efia war wieder in ihrer Heimat als vier Jahre nach dem Tod ihres Neffen der Mann ihrer Schwester starb. Sie wollte sie in dieser schweren Zeit nicht allein lassen.

Es war Spätsommer als ihre Schwester sie einlud, zu ihr zukommen, um ihr beizustehen, aber auch mit dem Gedanken, sie für eine Weile aus der brutalen Ehe zu holen. Denn Efia war verzweifelt, sie wollte raus aus dieser Hölle. Sie wollte aber nicht ohne ihre Kinder gehen. „Meine Schwester hatte nicht genug Geld, um auch für meine Kinder Flugtickets zu kaufen", sagt sie.

Ihren Eltern wollte sie nichts von ihrer Reise erzählen. Ihr Vater hätte sie nie gehen lassen. Sie brachte ihre Kinder zu ihren Eltern und sagte, dass sie Gemüse aus dem Senegal holen wolle, um es auf dem Markt zu verkaufen. Das Geld für das Flugticket schickte ihre Schwester Emil, einem guten Freund von Efia, den sie vom Markt kannte.

Er half ihr auch, die Formulare für das Visum auszustellen.

An diesem Morgen im Spätsommer fuhr Emil sie mit seinem Auto nach Dakar, der Hauptstadt Senegals, zum Flughafen. Mit ihrem Visum in der Tasche flog sie nach Belgien und schließlich weiter zu ihrer Schwester nach Dänemark. „Ich war knapp zwei Monate dort“, erzählt sie. Ihr Vater erfuhr davon, wie, das weiß Efia nicht.

Er rief ihre Schwester an und befahl ihr, Efia sofort nach Hause zu schicken. Er drohte ihr mit schwarzer Magie. Ihre Schwester bekam Angst. Sie bat Efia, doch endlich zurückzugehen. Sie wolle keine Probleme bekommen. „Wir stritten uns, wir hatten beide Angst vor unserem Vater“, sagt Efia.

Mit dem Bus nach Deutschland

Ihr Vater hatte sie in Dänemark gefunden, dann würde er sie auch in Gambia finden. Das Land ist schließlich kleiner. Sie wusste, dass sie sich nicht in der Nähe ihrer Schwester aufhalten durfte, denn dann konnte auch die schwarze Magie ihres Vaters ihr nichts anhaben. Daran glaubte sie. Efia wollte deswegen nicht im selben Land mit ihr sein und nahm den Bus nach Deutschland. Ihrer Schwester sagte sie nichts davon. Ein Mann hatte ihr geholfen, eine Fahrkarte zu kaufen.

Im Herbst kam sie in Deutschland an. „Ich musste drei Stunden an der Grenze warten. Als ich im Bus einschlief, klaute mir jemand meine Tasche mit meinen Papieren“, erzählt sie.

Ob sie in Deutschland bleiben darf, weiß sie nicht. Auch Frieda ist sich unsicher. Denn laut Dublin-Verordnung ist Dänemark für sie zuständig, und das ist ein sicheres Drittland. Wie Dänemark entscheiden wird, kann sie nicht sagen.

Derzeit schiebt das Land sehr viele flüchtende Menschen ab, sagt sie. In Gambia herrsche schließlich kein Krieg, die Menschen werden politisch nicht verfolgt. Doch nach Dänemark will Efia nicht. Sie droht sogar, sich umzubringen, sollte es so weit kommen.

Zu ihrer Familie in Gambia hat sie bis heute keinen Kontakt. Mit ihrer Mutter telefonierte sie das letzte Mal als sie noch bei ihrer Schwester in Dänemark war. „Ich habe Angst, dass mich dann mein Ehemann oder mein Vater finden", flüstert sie. Der Gedanke an ihre Kinder bricht ihr das Herz. Sie denkt sehr oft an sie, vermisst sie. Doch sie weiß, sie wird sie wiedersehen. „In Deutschland suche ich Schutz. Wenn ich zurück muss, ist mein Leben in Gefahr." Ihr Ehemann würde sie umbringen. Sie ist sich ganz sicher.

Einige Monate später erzählt mir Frieda, dass Efia in einer Gemeinschaftsunterkunft lebt. Sie hat sie besucht und es gehe ihr gut. Frieda freut sich. Der einstweilige Rechtsschutz ist bewilligt.

Die Chancen stehen gut, dass sie in Deutschland bleiben darf.

Langsam verschwinden auch die Narben auf ihren Körper. Die Narben auf ihrer Seele werden wohl noch lange bleiben. Nur sehen kann sie keiner. Noch immer fällt es Efia schwer, mit einem Mann zu reden.

Kapitel 12: Sherif aus Gambia

„Ich wollte das nicht"

Manche Situationen im Leben verändern alles. So wie bei Sherif. Das Leben, das er kannte, ist, nachdem was passiert war, vorbei. Er kann auch nicht mehr zurück. Er hat seine Heimat verlassen und musste seine Frau und seine beiden Söhne zurücklassen.

Sherif winkt mir an diesem frostigen Winterabend schon von weitem zu. Wir begrüßen uns mit einem festen Handschlag, er lächelt mich freundlich an. Ich habe das Gefühl, er freut sich, mich zu sehen. Er ist mir sofort sympathisch. Sherif spricht nur wenig Deutsch, er versteht aber sehr viel, sagt er. Wir unterhalten uns auf Englisch.

Frieda, die in der Erstaufnahme als Sozialarbeiterin arbeitet, hat ihn nicht betreut, ihn aber durch ihre Kollegin kennengelernt und ihm von mir erzählt. Er hat große Angst, nicht in Deutschland bleiben zu dürfen. Seine zweite Anhörung vor dem Bundesamt für Migration und Flüchtlinge, kurz BAMF, in der er seine Fluchtgründe erneut vorträgt, soll in einigen Wochen sein. Zu dem Zeitpunkt ist von einer Corona-Pandemie in Deutschland noch nichts zu spüren. Als sie wenige Monate später das Land überrollt, wird sie seine Anhörung um Monate verschieben. Aktuell wird Sherif als Flüchtling akzeptiert, doch ob die Behörde ihm als Asylsuchenden Flüchtlingsschutz zuspricht, weiß er nicht. Sein Antrag auf Aufenthaltsgenehmigung wurde abgelehnt. Dagegen klagt er. Seine Angst, vor Gericht zu scheitern, wird immer größer. Auch, weil er sich von seinem Anwalt im Stich gelassen fühlt.

„Er kümmert sich nicht um mich, er wird mich bei der Verhandlung auch nicht begleiten“, sagt er enttäuscht.

Sherif hat es in Deutschland eigentlich geschafft. Er kann arbeiten. „Ich erledige Hausmeistertätigkeiten und kann mir von dem Geld eine kleine Wohnung leisten mit Küche und Bad“, sagt er zufrieden. Er fühlt sich in Deutschland wohl, er will hier bleiben. In diesem Jahr wird Sherif 40. Auf der Flucht ist er schon seit mehr als zehn Jahren. Ich frage ihn, ob er sich in Deutschland angekommen fühlt. Sherif zuckt mit den Schultern.

Angst vor dem Gefängnis

„Ich habe Angst, dass sie mich in mein Heimatland abschieben", sagt er und hat Tränen in den Augen. Sein Heimatland ist Gambia, ein kleines vom Senegal umschlossenes Land. Sherif fürchtet nicht die Regierung.

Nach der friedlichen Amtsübernahme durch Präsident Adama Barrow im Januar 2017 gilt Gambia als relativ sicheres und demokratisch geführtes Land, auch wenn es immer wieder zu Demonstrationen und Protesten, und auch zu gewaltsamen Auseinandersetzungen zwischen Demonstranten und Sicherheitskräften kommt.

„Muss ich in meine Heimat zurück, komme ich wahrscheinlich für einige Jahre ins Gefängnis für etwas, das ich bestimmt nicht wollte." In Gambia war Sherif verheiratet und hat zwei Kinder. Er arbeitete als Maler. „Erst war ich angestellt, später machte ich mich mit meinem jüngeren Bruder selbstständig", sagt er.

„Unser kleines Geschäft lief gut." Sein Bruder betrieb nebenbei noch einen kleinen Modeladen.

Zweimal im Jahr fuhr Sherif zu einem großen Grundstück, das seinem Vater gehörte. Die ganze Familie durfte es landwirtschaftlich nutzen. Immer wieder half er dort aus. Er selbst bekam ein kleines Stück Land, das er für sich bestellen konnte.

Ein Tag, der alles veränderte

Der Tag, an dem sich Sherifs Leben für immer verändern sollte, war ein Feiertag im Mai 2010. Er fuhr zum Grundstück seines Vaters. Sein jüngerer Bruder blieb zurück, um sich um seinen Laden zu kümmern. Sherif bestellte das Feld. Dazu sammelte er das trockene Gras zusammen, um es zu verbrennen. Er merkte nicht, wie die Flammen bei der Hitze und dem Wind immer größer wurden. Als er es bemerkte, war es zu spät. Das Feuer breitete sich rasch aus und erreichte den naheliegenden Wald. Während er es mir erzählt, zeichnet er mit dem Finger riesige Flammen auf dem Boden nach. Sherif bekam Angst. „Ich wusste nicht, was ich machen sollte, es ging alles so schnell.“ Das Feuer war auf einmal überall. Schließlich erreichte es den nahegelegenen Nachbarort. „Ich hatte die Kontrolle verloren. Aus Angst rief ich weder die Feuerwehr noch die Polizei“, sagt er. „Ich wusste, dass es meine Schuld ist, aber ich hatte das nicht gewollt.“ Er floh.

Die Polizei suchte ihn. Sherif wanderte von Dorf zu Dorf, immer darauf bedacht, nicht gesehen zu werden. Bei einem Jugendfreund konnte er sich verstecken. Dort verbrachte er drei Tage. „Er riet mir, für einige Zeit in den Senegal zu gehen. Du musst raus aus dieser Gegend, sagte er zu mir." Sein Freund gab ihm etwas Geld.

Um seinen Aufenthaltsort zu erfahren, nahm die Polizei seinen Vater fest. Doch er wusste nicht, wo sich sein ältester Sohn aufhielt. Er konnte ihnen nur die Adresse seines Wohnortes nennen. Weil sein Vater schon alt war, ließ ihn die Polizei nach einer Woche wieder frei. An Sherifs Wohnort trafen die Polizisten nur auf seinen Bruder. Sie verhörten ihn, festgenommen wurde er nicht. Auch er konnte nichts zu Sherifs Aufenthalt sagen. „Als ich später mit meinem Bruder telefonierte, berichtete er mir, dass mich die Polizei suchen würde und er erzählte mir auch, wie schlimm der Schaden sei. In den Ställen sind viele Tiere bei dem Brand umgekommen." Sherif fragte ihn, ob er zurück kommen könne. Sein Bruder riet ihm davon ab.

Er sagte ihm, dass er den Schaden, der beim Brand entstanden sei, niemals bezahlen könnte.

Ihm würden mehrere Jahre Gefängnis drohen. Es wurde zu viel zerstört.

Die Flucht

Mit dem Auto brachte ihn sein Freund bis kurz vor die senegalesische Grenze. In einem Dorf in der Nähe verbrachte er etwa eine Woche. „Ich hatte keine Papiere bei mir und hatte Angst, dass ich an der Grenze kontrolliert und festgenommen werde", sagt Sherif. Sein Freund fuhr zurück und besorgte noch mehr Geld. Als er wieder kam, fuhren sie gemeinsam über die Grenze, kontrolliert wurden sie nicht, alles ging gut.

Danach trennte sich Sherif von seinem Freund. „Ich nahm mir ein Pferd und bin durch den Wald in Richtung Mali geritten", erzählt er. Seine Reise führte ihn nach Burkina Faso, nach Niger und schließlich nach Libyen. Dort verbrachte er etwa eine Woche in einem Camp. Raus durfte er in dieser Zeit nicht.

Danach verdiente er sich sein Geld illegal als Maler, wohnen konnte er bei Freunden, sagt er. Eine Aufenthaltserlaubnis hatte er nicht. Nach drei Jahren verließ er das Land.

„Ich wusste, dass ich dort nicht bleiben konnte", sagt er. Sein Ziel war Europa, er hoffte auf ein besseres Leben. Mit Hilfe von Schleppern kam er mit dem Schlauchboot nach Italien. „Ich blieb dort ein Jahr und acht Monate. 2014 beantragte er Asyl. Sein Antrag wurde abgelehnt. „Mir wurde gesagt, ich solle das Camp verlassen", berichtet er. Gelebt hatte er in dieser Zeit auf der Straße, eine Perspektive sah er für sich in Libyen keine.

„Warum wolltest du nach Deutschland", frage ich ihn. „Ich hatte gehört, dass die Deutschen Flüchtenden wie mir helfen, hier werden wir wie Menschen und mit Respekt behandelt", sagt er. „Ich träumte von einem besseren Leben." Es gab aber noch einen anderen Grund: Als Sherif ein Kind war, hatte er einen Onkel, der etwa zehn Jahre in Deutschland gelebt hatte und das Land sehr mochte, wie er seinem Neffen später erzählte.

Von Italien überquerte Sherif die Grenze nach Österreich. Mit dem Zug fuhr er anschließend nach München. Das war Ende 2015.

Sein Jugendfreund hat ihm unterwegs immer wieder Geld geschickt. „Mich nahmen während meiner Reise auch sehr freundliche Menschen mit, ohne dass sie dafür eine Gegenleistung haben wollten", sagt er.

Ich werde nur akzeptiert

Als er in Deutschland ankam, konnte er schon bald als Reinigungskraft bei einem Hotelservice arbeiten, später dann als Hausmeister. „Das Geld reicht, um für mich zu sorgen und meine Wohnung bezahlen zu können“, sagt er. Jetzt sucht Sherif einen guten Anwalt, der ihn vertreten kann. „Aktuell werde ich nur akzeptiert, aber ob ich in Deutschland bleiben darf, wird erst noch entschieden.“

Sherif vermisst seine Heimat und seine zwei Jungs. Seine Frau hat sich von ihm getrennt und die Scheidung eingereicht. Mit seinen Kindern telefoniert er immer wieder.

Als er von ihnen spricht, kann er seine Tränen nicht zurückhalten. Seit seine Flucht begann, hatte er mit seinem Vater nicht mehr geredet, mit seinem Bruder noch zweimal telefoniert.

Er besuchte für einige Wochen einen Deutschkurs. Doch durch seine Arbeit hatte er kaum Zeit dafür.

„Ich weiß, dass ich die Sprache besser lernen muss, um hier bleiben zu können“, sagt er. Bei unserem Gespräch unterhalten wir uns fast nur auf Englisch. Immer wieder kommen ihm Tränen, wenn er die bevorstehende Anhörung erwähnt. Ich beruhige ihn, sage ihm, dass er schon sehr viel erreicht hat: eine Wohnung, einen Job, er verdient sein eigenes Geld. Das ist mehr, als viele andere Geflüchtete geschafft hätten.

„Es ist jetzt zehn Jahre her, dass ich aus Gambia geflohen bin“, sagt er. „Wenn ich könnte, würde ich den ganzen Schaden zahlen, den ich angerichtet habe.“ Ich frage ihn, was er sich wünscht. „Ich will hier in Deutschland bleiben, ich träume von einer Zukunft, einem besseren Leben. Ich will nicht vom Staat leben. Ich will alles selbst bezahlen können und meine Familie in der Heimat unterstützen können“, sagt er.

Seine Freizeit verbringt er meistens zuhause in seiner Wohnung. Sherif hat Angst, wieder in eine Situation zu kommen, in der er ein Gesetz brechen könnte.

„Das darf ich nicht, das habe ich von meinem Vater gelernt", sagt er. Dass er in Gambia ins Gefängnis muss, versteht er nicht. Er hat schließlich keinen Menschen getötet.

Als wir im Spätsommer schreiben, berichtet er mir von seiner zweiten Anhörung vor dem BAMF. Sein Antrag auf Aufenthaltsgenehmigung wurde erneut abgelehnt. Die Behörde spricht ihm als Asylsuchenden keinen Flüchtlingsschutz zu.

Kapitel 13: Yamina aus Nigeria

„Verschwinde, sonst töten wir dich“

„Ich fühle mich manchmal so hilflos“, antwortet mir Frieda, als ich sie danach frage, was das Schlimmste an ihrer Arbeit als Sozialarbeiterin in der Erstaufnahme sei. Sie meint damit, nicht helfen zu können, wenn den Schutzsuchenden die Abschiebung droht. „In ihrer Heimat ist das Leben oder die Freiheit der Geflüchteten in Gefahr, es herrscht Krieg, ihnen drohen Gefängnis, Folter oder die Rache von Familienangehörigen. Wir stecken so viel Herzblut in die Arbeit, kümmern uns um die Menschen. Sie vertrauen uns“, sagt sie. „Und am nächsten Morgen sind sie nicht mehr da.“

Sie werden nach Italien, in andere Länder aufgrund der Dublin-Verordnung oder gleich in ihre Heimat abgeschoben, obwohl sie alles dafür getan haben, sich in Deutschland zu integrieren. Dazu gehörte auch Yamina, ihr Mann Joseph und ihre beiden kleinen Töchter. Ihre Heimat ist in Nigeria.

Blutige Proteste

Anfang der 1990er Jahre: In Nigeria herrschten Korruption und Repression. Sani Abacha regierte das Land in einer brutalen Militärdiktatur. Im September 1993 kam es zu schweren Zusammenstößen zwischen den Volksgruppen der Ogoni und der Andoni. Die Ogoni hatten gegen die Verschmutzung ihres Lebensraums durch die Erdölförderung gekämpft. Beteiligt daran waren unter anderem Mineralöl- und Erdgas-Unternehmen wie Shell, denen enge Verbindungen zur Militärdiktatur nachgesagt wurden. Der Protest wurde von Sani Abacha blutig niedergeschlagen. Bei den Auseinandersetzungen kamen schätzungsweise 1.000 Ogoni ums Leben und mehr als 30.000 mussten aus ihrer Heimat flüchten. Bei diesen Auseinandersetzungen starb auch der Vater von Yamina.

„Dann wurde mein Mann Joseph von einem kriminellen Geheimbund bedroht", erzählt sie.

„Die Vereinigung wollte, dass er sich ihnen anschließt.“ Der Geheimbund töte immer wieder Menschen und verübe kriminelle Handlungen, hatte Yamina erfahren. Die Angehörigen leisten einen Eid ab, immer zusammenzuhalten, egal was passiere. Aussteigen können sie in der Regel nicht. Joseph wollte unter keinen Umständen dazugehören. Er wusste, innerhalb Nigerias konnte er sich nicht verstecken und ein ausreichender staatlicher Schutz war im Land nicht gegeben. Joseph war sich sicher, dass sie ihn finden würden. Und dann? Sie würden ihn foltern, bestrafen oder noch Schlimmeres mit ihm machen. Da war er sich sicher.

Joseph sah nur einen Ausweg, er musste das Land verlassen. Das war 1998. Bevor er ging, heiratete er Yamina auf traditionelle Weise. Dann ging er nach Marokko. Yamina blieb in Nigeria. Sie konnte im Familienhaus ihres Mannes zusammen mit seiner älteren Schwester und seinem jüngeren Bruder wohnen. Joseph schickte ihr oft Geld, um sie zu unterstützen.

„Wir töten dich“

„Immer wieder kamen Angehörige des Geheimbunds ins Dorf“, schildert Yamina. „Sie wollten wissen, wo sich mein Mann aufhält und wann er wiederkommt. Weil sie es ihnen nicht verriet, bedrohten sie sie. Sie sagten zu ihr, sie solle aus Nigeria verschwinden, sonst würden sie sie töten. Yamina berichtete ihrem Mann davon. Er versprach, sie bald zu sich zu holen. Das war 2008. „Zwei Jahre später ließ mich Joseph nach Marokko kommen“, sagt sie. In diesen zwei Jahren sollte sie nichts mehr von dem Geheimbund hören, was ihr später in Deutschland bei der Entscheidung, ob sie bleiben darf, zum Verhängnis werden sollte.

In Marokko lebte die Familie bis Anfang 2016. Joseph konnte als Verkäufer in einem Lebensmittelgeschäft arbeiten. „Das Geld, das er verdiente, reichte für unser Essen und die Miete“, berichtet Yamina. In Marokko kam ihre erste Tochter zur Welt. „Wir waren glücklich, wir wollten aber raus aus Afrika“, sagt sie.

Angekommen – Flucht nach Deutschland

Die Angst vor dem Geheimbund und den unsicheren Zuständen in der Heimat hatten sie geprägt. Sie wollten für sich und ihr Kind eine sichere Zukunft. Ihr Ziel war Europa. Dazu mussten sie erst nach Libyen reisen. Dort kam ihre zweite Tochter zur Welt. Auf dem Seeweg erreichte die junge Familie im Herbst 2016 Italien. „Wir kamen in ein Flüchtlingscamp in der Nähe von Campobasso", berichtet Yamina.

Dort stellten sie ihre Anträge auf Asyl. Sie und Joseph wurden nach ihren Fluchtgründen befragt. Bedrohung durch einen Geheimbund? Der italienischen Regierung reichte das nicht und lehnte ihren Antrag auf Asyl ab. Anfang 2018 bekamen sie einen Aufenthaltstitel aus humanitären Gründen auf zwei Jahre befristet. Als dieser Titel nicht verlängert wurde, wurden sie aufgefordert, das Lager zu verlassen. Die Familie träumte von Deutschland, andere Flüchtende hatten ihr davon berichtet. Joseph wollte als Maler arbeiten, Yamina in der Krankenpflege.

„Ich hatte in den letzten Monaten vor unserer Abreise in Italien einen Patienten gepflegt“, sagt sie. Das war eine Arbeit, die sie gern gemacht hat.

Asylantrag erfolglos abgeschlossen

Ende 2019 kamen sie in Deutschland an und stellten auch hier einen Antrag auf Asyl. „Erfolglos abgeschlossen ist ein Asylverfahren erst, wenn nach einer negativen Entscheidung über den Antrag der Flüchtlingsstatus nicht gewährt worden ist“, erklärt Frieda.

Nach der Genfer Flüchtlingskonvention von 1952 gelte als Flüchtling eine Person, die *„aus der begründeten Furcht vor Verfolgung wegen ihrer Rasse, Religion, Nationalität, Zugehörigkeit zu einer bestimmten sozialen Gruppe oder wegen ihrer politischen Überzeugung sich außerhalb des Landes befindet, dessen Staatsangehörigkeit sie besitzt“*, liest sie mir vor. *Dazu komme*, sagt sie, *dass diese Person den Schutz dieses Landes nicht in Anspruch nehmen kann oder aus Furcht vor Verfolgung nicht dorthin zurückkehren kann.*

Yamina und ihre Familie sind genau dieser Gefahr ausgesetzt. Sie können nicht zurück in ihre Heimat aus Furcht vor Verfolgung.

„Stellt sie und ihre Familie erneut einen Antrag in einem sicheren Drittstaat wie Deutschland, handelt es sich um einen Zweitantrag“, erklärt Frieda. „Ein zweites Asylverfahren wird hier jedoch nur dann durchgeführt, wenn bestimmte Voraussetzungen vorliegen – zum Beispiel neue Beweismittel, die eine günstigere Entscheidung herbeiführen oder wenn Wiederaufnahmegründe vorliegen würden.“

Mit einem Schreiben des Bundesamts wurde Yamina erneut aufgefordert, mitzuteilen, ob es neue Erkenntnisse oder neue Umstände gäbe. „Bei der Anhörung sagte ich, dass ich meine Fluchtgründe aus Nigeria schon in Italien dargestellt hätte“, berichtet sie. „Die Gründe, warum ich auch in Deutschland Asyl beantragt habe, sind noch immer die gleichen wie in Italien. Wir haben Angst vor Verfolgung.“ Sie fühlt sich von den Mitgliedern des Geheimbunds bedroht.

Sie hat Angst um ihr Leben, um das ihres Mannes und seit sie auf der Flucht sind, auch um das ihrer Kinder.

Keine Gefahr ersichtlich

„Das Amt hat geprüft, ob die Familie im Fall einer Abschiebung tatsächlich in Gefahr ist", sagt Frieda. Nachdem, was die Verantwortlichen von Yamina erfahren hatten, droht der Familie zwar nicht durch den Staat, aber durch eine andere Organisation Folter, unmenschliche oder erniedrigende Behandlungen oder Bestrafungen.

„Allerdings wird die Abschiebung trotz schlechter humanitärer Verhältnisse im Heimatland nur in sehr außergewöhnlichen Einzelfällen als unmenschliche oder erniedrigende Behandlung bewertet", klärt mich Frieda auf. Für das Bundesamt seien die derzeitigen humanitären Bedingungen in Nigeria kein Grund, die gegen eine Abschiebung sprechen. Damit würde keine Verletzung der ‚Europäischen Konvention zum Schutze der Menschenrechte und Grundfreiheiten (EMRK)' vorliegen.

Artikel 3 EMRK verbietet jegliche Form der Folter oder einer erniedrigenden oder unmenschlichen Behandlung.

Dieses Verbot gilt absolut, selbst in Fällen von Aufruhr und Krieg darf hiervon keine Ausnahme gemacht werden.

Yamina wurde das letzte Mal im Jahr 2008 bedroht. Zwei Jahre später ist sie ausgereist. Und in diesen zwei Jahren hätte es keine weiteren Bedrohungen gegeben, begründete das Bundesamt. Zudem liegen bei der letzten Anhörung die Bedrohungen des Geheimbunds zwölf Jahre zurück.

„Das Amt hielt es deshalb für eher unwahrscheinlich, dass Angehörige des Geheimbunds sie im Falle einer Rückkehr überhaupt suchen und finden würden“, sagt Frieda kopfschüttelnd. „Damit sei eine ernsthafte Gefahr durch Bedrohung nicht gegeben.“

Die einzige Gefahr, die das Bundesamt bei der Rückkehr Yaminas und ihrer Familie nach Nigeria sieht, ist die der weiblichen Beschneidung. Yamina ist nicht beschnitten und würde auch niemals zulassen, dass ihren Töchtern dies angetan wird. Die Gefahr bestehe nicht. Das hat sie auch dem Bundesamt gesagt.

In der Heimat ist nichts

Als die Entscheidung bei Ihnen eingeht, Deutschland zu verlassen und zurück nach Italien zu gehen, hatte die Familie eine Woche Zeit, der Aufforderung Folge zu leisten. „Hätten sie die Ausreisefrist nicht eingehalten, wären sie wohl direkt in ihr Heimatland Nigeria abgeschoben worden“, vermutet Frieda. Die Gefahr, verfolgt und getötet zu werden, ist für Yamina und Joseph groß. Und in Nigeria erwartet die Familie nichts. „Wir haben keine Verwandten mehr, alle sind verstorben“, sagt sie. „Nur die Schwester und der Bruder meines Mannes leben noch dort. Ich habe Angst, zurück nach Nigeria zu müssen, ich habe Angst zu sterben.“

Als Frieda davon erfährt, dass die Familie abgeschoben wurde, kann sie es nicht verstehen. Von einem Geheimbund solle keine Gefahr ausgehen?

Klaus Schöffler

„Ich will oft gar nicht mehr wissen, welche Flüchtenden aus Deutschland abgeschoben werden und aus welchen Gründen. Die Menschen wollen doch nur in Sicherheit leben. Ist das zu viel verlangt?“

Kapitel 14: Berat aus der Türkei

„Angst ist kein gutes Gefühl"

Berat öffnet die schwere Holztür. Er lächelt und begrüßt mich freundlich. Wir gehen hinauf in den zweiten Stock in sein Zimmer, ein karger Raum in einer Flüchtlingsunterkunft in Süddeutschland. In ein paar Tagen bekommt er einen Transfer in eine andere Stadt. Berat hält sich fit, macht jeden Morgen 100 Liegestütze und den Sonnengruß, sagt er und schaut auf das einzige Fenster im Raum, das nach Süden ausgerichtet ist.

Auf dem Tisch liegt ein Sammelband mit Goethes Faust I und II. „Ich möchte die deutsche Sprache noch besser lernen, aber Goethe ist gar nicht so einfach zu lesen", sagt er.

Frieda hatte mir von ihm berichtet und mir seine Telefonnummer geschickt. Er war sofort bereit, mir seine Geschichte zu erzählen, aber nur, wenn wir uns dabei persönlich sehen.

Berat ist seit 2020 in Deutschland. In der Türkei war er ein hoher Polizeibeamter, wie er sagt, bis er vor Erdoğan fliehen musste. „Recep Tayyip Erdoğan?“ Er schüttelt den Kopf. Er hält nicht viel vom türkischen Staatspräsidenten. Er sei korrupt. In der Vergangenheit habe es Untersuchungen über Schmiergeldzahlungen im Zusammenhang mit öffentlichen Ausschreibungen gegeben, in die Erdoğan und einige seiner Minister verstrickt waren.

Der Grund, warum Berat fliehen musste, ist ein anderer. Er folgte wie viele Beschäftigte in der Justiz und im Polizeiapparat der Bewegung von Fethullah Gülen. Der 1941 geborene muslimische Gelehrte lebt seit 1999 in den USA. Er hat eine große Bildungsbewegung gegründet, die in vielen Ländern weltweit Schulen gebaut hat.

Bekannt ist er für seine Kernbotschaft „Baut Schulen statt Moscheen".

Seine Anhänger arbeiten weltweit als Netzwerk unter der türkischen Bezeichnung „Hizmet".

Auf Deutsch bedeutet das „Dienst". „Gülen will, dass die Menschen lesen lernen können", sagt Berat. „Er steht für Menschenrechte und Demokratie, Toleranz und Dialog. Wir sollen miteinander reden und uns nicht gegenseitig bekämpfen. Ich teile seine Ideale, weil er Bildung und Hilfsbereitschaft als hohes Gut sieht. Er lehrt den gegenseitigen Respekt." Gülen gehörten auch mehrere Radio- und Fernsehsender sowie Zeitungen in der Türkei. Zudem waren Gülenisten in hohen Positionen des Staats- und Beamtenapparats vertreten.

Doch der islamische Prediger gilt unter Erdoğans Regierung als Terrorist und geistiger Vordenker des Putschversuchs gegen den Präsidenten im Juli 2016. Gülen weist das zurück.

In Istanbul und der Hauptstadt Ankara kam es zu Gefechten zwischen den Putschisten und staatstreuen Sicherheitskräften.

Zu den Putschisten gehörten Teile des Militärs. Sie setzten Panzer und Kampfjets ein und feuerten auch auf Zivilisten, die sich ihnen entgegenstellten und damit einem Aufruf Erdoğans folgten. Mehr als 250 Menschen wurden getötet, rund 2.000 verletzt.

Die AKP-Regierung hatte die Gülen-Bewegung zur Terrororganisation erklärt und verfolgt seitdem ihre Anhänger.

Es gibt allerdings noch eine Theorie: Das amtierende Staatsoberhaupt hatte den Putsch selbst inszeniert, weil er gegen seine innertürkischen Rivalen vorgehen wollte. Vielleicht nur eine Verschwörungstheorie, aber bis heute sind viele Fragen ungeklärt.

„Ich galt als Terrorist“

Seit dem Umsturzversuch wurden in der Türkei zehntausende Menschen verhaftet und mehr als 100.000 Staatsbedienstete entlassen. Allein 21.000 Mitarbeiter der Streitkräfte wurden nach offiziellen Angaben des Dienstes enthoben. Berat war am Putschversuch nicht beteiligt, doch als bekennender Gülen-Anhänger wurde er zuerst in eine deutlich kleinere Stadt versetzt und schließlich wegen vermeintlicher Mitgliedschaft in einer terroristischen Organisation entlassen.

„Mein Name stand nun auf einer frei zugänglichen Liste, die in den Zeitungen veröffentlicht wurde“, berichtet er. „Von einem Tag auf den anderen galt ich als Terrorist." Sein Leben, das seiner Frau und seiner beiden Söhne veränderte sich. „Niemand rief uns mehr an, keiner klingelte an der Tür, die Nachbarn grüßten uns nicht mehr und Verwandte und Freunde redeten nicht mehr mit uns.“

Sie hatten Angst, mit ihm in Verbindung gebracht zu werden und selbst als Terroristen zu gelten.

Berat litt unter der sozialen Isolation. „Dann wurde auch noch meine Kreditkarte gesperrt“, erinnert er sich. Auf der Bank sagten sie mir, dass sie mich als Kunde nicht mehr wollen.“ Er solle sein Konto auflösen und das Geld mitnehmen.

Verhaftung und Gefängnis

Als mir Berat seine Geschichte erzählt, muss ich an Kafkas Roman „Der Prozess“ denken. Das Buch beginnt mit folgendem Satz: „Jemand musste Josef K. verleumdet haben, denn ohne, dass er etwas Böses getan hätte, wurde er eines Morgens verhaftet.“

Morgens um 7 Uhr stürmten Polizisten Berats Wohnung und nahmen ihn fest. Sie durchsuchten die Wohnung nach verdächtigen Hinweisen, fanden aber nur seine Dienstwaffe. „Sie haben mir nicht gesagt, was ich getan haben soll“, schüttelt Berat den Kopf.

Seine Zelle im Gefängnis teilte er sich mit drei Soldaten, die beschuldigt wurden, am Putsch beteiligt gewesen zu sein. „Sie sagten mir, dass sie damit nichts zu tun hatten“, erzählt Berat. Nach ein paar Wochen wurde er verlegt. Seine Haft im neuen Gefängnis war noch schlimmer. Berat zeigt in den Raum, in dem wir gerade sitzen.

„Die Zelle war etwa doppelt so groß wie dieses Zimmer hier“, sagt er. Ich schätze die Fläche auf etwa 25 bis etwa 30 Quadratmeter. Eigentlich sei die Zelle für acht Personen ausgelegt gewesen, tatsächlich konnten sich bis zu 25 Häftlinge zur selben Zeit in dem Raum befinden. Angegliedert war eine kleine Terrasse mit sechs Meter hohen Mauern, darüber Stacheldraht. Schaute Berat hoch, konnte er durch das Rechteck, das sich durch die Mauern bildete, den Himmel sehen. Ein kleiner Blick in die Freiheit.

Seine Mitgefangenen in der Zelle seien alle Akademiker gewesen, Lehrer, Ärzte, Journalisten, sagt er. „Wir teilten uns eine Toilette und eine Dusche. Es gab jeden Tag nur für eine Stunde warmes Wasser. Dazu kam die Enge, keine Privatsphäre. Der Gefängnisalltag führte unter den Mitgefangenen zu Stress, immer wieder wurde einer krank, manchmal so sehr, dass er auf die Krankenstation verlegt werden musste oder gleich ins Krankenhaus kam. Auch Berat spürte körperliche Leiden: „In meinem Mund bildete sich Blut.“

Bis ein Häftling einen Arzt aufsuchen konnte, musste er zuerst einen Antrag stellen, und bis dieser bewilligt wurde, konnte es dauern.

Nach acht Monaten kam Berat frei. „Ich musste erneut vor Gericht erscheinen", sagt er. „Diesmal wurde ich wegen Terrormitgliedschaft zu sechs Jahren und drei Monaten verurteilt, acht Monate hatte ich bereits abgesessen." Bis das Urteil rechtskräftig wird, konnte er auf freiem Fuß bleiben. Der Richter sah keine Fluchtgefahr. Berat legte mit seinem Anwalt beim obersten Gericht Berufung gegen das Urteil ein.

„6 Jahre und 3 Monate" – Berat bittet mich, diese Zahlen auch als Zahlen zu schreiben, denn mit genau diesem Strafmaß müssen in der Türkei sehr viele Menschen als Verurteilte leben.

Auf der Flucht

Auf die Entscheidung des Gerichts wollte er nicht warten. Zu groß war die Gefahr, wieder ins Gefängnis zu müssen. Berat beriet sich mit seiner Familie. „Uns war klar, dass es nur einen Weg gab: „Ich musste raus aus der Türkei." Seine Familie konnte er nicht mitnehmen. Die beiden Söhne sind volljährig und weder ihnen noch seiner Frau drohte eine Haftstrafe. Würden sie mit ihm gehen, müssten dann aber zurück in die Türkei, kämen sie wahrscheinlich ins Gefängnis. Das wollte er ihnen ersparen.

Um aus dem Land zu kommen, brauchte er Menschen, die ihm dabei unterstützten. Als erfahrener Polizist wusste er, wo sich in der Stadt die Schlepper aufhalten. „In einem Park setzte ich mich auf eine Bank und wartete", erzählt er.

Ein Mann setze sich neben mich und fragte, ob ich weg aus der Türkei möchte. Ich bejahte. Ich gab ihm meinen Namen.

Ich wusste, dass er mich bei seinen Nachforschungen auf der Liste mit den mutmaßlichen Terroristen finden würde.“ Die beiden verabredeten sich für die darauffolgende Woche.

Berat war pünktlich. „Mit mir wollten noch acht weitere Flüchtende aus dem Land“, sagt er. Auf einem Laster fuhren die Schlepper sie zum türkisch-griechischen Grenzfluss Evros. Ein kleines Schlauchboot brachte die Gruppe auf die griechische Seite. Die Strömung war stark, zum Schwimmen wäre es viel zu gefährlich gewesen, vermutet Berat. Nun mussten sie allein weiter, zu Fuß. Im Wald in der Grenzregion wurden sie von griechischen Soldaten aufgegabelt. Ein Mann kam dazu, er sagte, er sei von der Polizei. Berat und die anderen wurden in einem Mannschaftswagen zur Polizeistation gebracht. „Wir blieben fünf Tage dort, dann wurden wir freigelassen“, erinnert er sich. Die erste Nacht schlief er in einem Park.

Es war nachts zwar angenehm warm, aber er brauchte ein Dach über dem Kopf. In der Stadt fand er einige türkische Märkte. „Ich unterhielt mich dort mit meinen Landsleuten, sagte ihnen aber nicht den wahren Grund, warum ich in Griechenland bin. Ich wusste nicht, wie sie zur türkischen Regierung stehen.“ Er bekam den Kontakt zu zwei türkischen Männern, die in der Stadt wohnten und ihm weiterhelfen könnten. Berat traf einen von den beiden. Für 200 Euro im Monat bot er ihm ein Zimmer an. Um das Essen musste er sich selbst kümmern.

Berat befand sich ohne gültige Papiere in Griechenland. Hätte ihn die Polizei entdeckt, etwa bei einer Ausweiskontrolle, hätten sie ihn zurück in die Türkei geschickt. Die Gefahr war zu groß. Nach vier, fünf Monaten beschloss er, nach Deutschland zu gehen, um dort Asyl zu beantragen. „Ich musste mir erst Papiere organisieren, damit ich überhaupt Griechenland verlassen konnte“, sagt er.

Berat hörte sich um, und erfuhr, wo er Menschen findet, die ihm einen gefälschten Ausweis erstellen können. Er ging in einen Park.

„Ich konnte kein Griechisch und ich sprach nur das sogenannte Flughafenenglisch", lächelt er. „Ich kenne Wörter wie Ticket, Gate oder Departure, das musste reichen." Berat setzte sich auf eine Bank und wartete.

Ein Syrer setzte sich neben ihn. Berat wusste, dass in Griechenland oft Syrer für die Schlepperbanden arbeiten. „Er fragte mich nach meinem Namen und ob ich nach Deutschland möchte. Ich bejahte." Sie verabredeten sich für die kommende Woche und machten eine Uhrzeit aus.

Die Schlepper sind hier nie pünktlich, das wusste er. Ist 12 Uhr vereinbart, dauert es meist vier, fünf Stunden länger. „In dieser Zeit wirst du beobachtet. Telefonierst du? Redest du mit anderen Menschen?

Denn all das könnte darauf hinweisen, dass du für die Polizei arbeitest. „Wichtig auch: nicht viel trinken“, wusste Berat.

„Du darfst deinen Platz nicht verlassen, um etwa auf die Toilette zu gehen. Denn was, wenn in der Zwischenzeit deine Kontaktperson kommt, um dich abzuholen? Endlich kam er.

Berat übergab ihm die vereinbarten 5.000 Euro für die Ausweisdokumente und für ein Ticket nach Deutschland. Berat wusste, dass er die Papiere auch für weniger hätte bekommen können, aber er wusste auch: Je teurer diese sind, desto höher ist die Qualität. Berat hat es geschafft, vom Athener Flughafen nahm er eine Maschine und flog als Tourist nach Frankfurt am Main. In Deutschland beantragte er Asyl.

Noch immer werden Menschen verhaftet

„Die Türkei ist kein sicheres Herkunftsland. Für andersdenkende türkische Staatsangehörige verschlimmert sich die Lage immer mehr. Noch immer werden Haftbefehle gegen Unterstützer der Gülen-Bewegung ausgestellt und Verdächtige festgenommen", erzählt Berat in einem schon sehr guten Deutsch.

„Ich möchte hier in Deutschland bleiben und meine Frau nachholen lassen." Er liest sehr viel, auch um die deutsche Sprache noch besser zu lernen.

Wann sein Urteil rechtskräftig sein wird? Das weiß er nicht. das kann noch ein Jahr dauern, vielleicht auch drei. Tatsache ist: Würde er zurück in die Türkei gehen, wäre er der ständigen Gefahr ausgesetzt, verhaftet zu werden.

Dann können wieder frühmorgens Polizisten bei ihm vor der Tür stehen, oder er kommt zufällig in eine Verkehrskontrolle und wird verhaftet.

„Ich würde in ständiger Ungewissheit leben. Angst ist kein gutes Gefühl."

Angekommen

Kapitel 15: Abdou aus dem Senegal II

Verschiedene Sprachen

Als Abdou im November einige Freunde zu einem kleinen Barbecue einlädt, schaffe ich es leider nicht hinzugehen. Kurze Zeit später schreibe ich ihm, dass ich das nächste Mal, wenn er wieder ein Treffen veranstaltet, sehr gern dabei sein möchte. Er freut sich, als ich mich bei ihm melde. Er will mich unbedingt bald sehen. Bei unserem ersten Gespräch im Sommer, als er mir von seiner Flucht aus dem Senegal, seiner Bisexualität und seinem Leben hier in Deutschland berichtet hatte, war Melisa dabei, eine Dolmetscherin aus Somalia.

Denn Abdou spricht nur wenig Deutsch und sonst Französisch, das er an manchen Stellen mit Spanisch vermischt.

Wenn ich mit ihm schreibe, lasse ich meine Sätze durch eine App ins Französische übersetzen, oder ins Spanische – je nachdem, in welcher Sprache er mir gerade schreibt. Als wir uns wenige Wochen später wiedersehen, bringt er einen Freund mit, einen Sozialarbeiter, der ihn in der Erstaufnahme betreut hatte. „Für mich gehört Abdou zu meiner Familie", sagt er mir. Er möchte nicht, dass ich seinen Namen nenne, wenn ich über ihn schreibe. Ich soll ihm auch keinen anderen Namen geben. „Nenn mich doch einfach der Mann mit dem Hut", schlägt er mir vor. Das passt zu ihm, denn er trägt tatsächlich einen Hut.

Er erklärt mir, dass Abdou ihn dabei haben wollte, damit ich ihm die Details zu seiner neuen Arbeit erläutern könnte, die ich Abdou angeboten habe. „Was für eine Arbeit?", frage ich ihn.

Der Mann mit dem Hut zeigt mir die Nachricht, die ich Abdou über Whatsapp geschickt hatte. Der Name des Ortes, an dem er das Barbecue Wochen vorher mit seinen Freunden veranstaltet und ich in meiner Nachricht erwähnte und leider auch mit übersetzt hatte, beinhaltete das Wort „Bad“. Das ist weder ein Schwimmbad noch eine Therme, sondern eine öffentliche Einrichtung in der Stadt, in der Events stattfinden oder man Veranstaltungsräume mieten kann – so wie Abdou für sein kleines Barbecue.

In der Übersetzung dachte der Senegalese aber, ich biete ihm eine Arbeit mit Menschen in einem Schwimmbad an. Mir ist das sehr unangenehm. Ich hatte ihm Hoffnung gemacht, ohne, dass ich es wollte. Der Mann mit dem Hut klärt Abdou auf.

Er ist sichtlich enttäuscht, und ich entschuldige mich. Und wieder merke ich, wie schnell Missverständnisse entstehen können, wenn Menschen nicht dieselbe Sprache sprechen.

Mir geht das noch eine ganze Zeit lang nach. Abdou winkt nur ab und lächelt.

Er lädt mich zu einem zweiten Kaffee ein, ich könne ja nichts dafür. Genau deswegen hätte er bei unseren Treffen darauf bestanden, Melisa dabei zu haben.

Kapitel 16: Der Mann mit dem Hut

Ein Land in der Krise

Der Mann mit dem Hut und ich bleiben in Kontakt. Einige Monate später telefonieren wir. Mich interessiert, wie er die Situation der Bewohner in den Einrichtungen sieht. Denn von den Flüchtenden hörte ich oft, dass es für sie schwer ist, nicht selbst kochen zu dürfen. Das Essen, das ihnen in den Erstaufnahmen angeboten wird, vertragen sie nur selten. Auch sei die Langeweile für viele kaum auszuhalten. Als wir im Frühling 2020 miteinander reden, ist er aufgebracht. Wir sind seit wenigen Wochen in der Corona-Krise.

Durch die Medien geht die Meldung, dass die Bundesregierung flüchtende Menschen als Erntehelfer einsetzen will.

„Die meisten Geflüchteten, die nach Deutschland kommen, wollen arbeiten und dürfen nicht“, sagt er.

„Und jetzt? Das Land ist in der Krise und auf einmal soll das möglich sein?“

„Corona macht die Menschen in der Erstaufnahme verrückt“, schüttelt er den Kopf. Die Bewohner haben Angst, sich anzustecken. Sie sehen die Nachrichten aus Italien, Spanien, China oder den USA. Sie sehen die vielen Toten. Und überall in der Unterkunft stehen Hinweise und Vorschriften, wie sie sich verhalten sollen, die sie aber meist nicht umsetzen können.

Knapp 300 Menschen leben hier eng zusammen. In der Regel sind vier Personen in einem kleinen Mehrbettzimmer untergebracht. „Wie sollen sie 1,5 Meter Mindestabstand zueinander halten können?“ fragt der Mann mit dem Hut wütend.

„Das kann nicht funktionieren." Mit der Enge in den Zimmern, aber auch im ganzen Gebäude kommen viele nicht zurecht.

Weil einige der Bewohner durch ihre Erlebnisse unter posttraumatischen Belastungsstörungen oder Depressionen leiden, besteht Suizidgefahr.

Um zu verhindern, dass sie aus dem Fenster springen, wurden diese auf Anweisung des Betreibers verschraubt. Die Menschen können nicht mal lüften.

Von Seiten des Betreibers, aber auch vom Regierungspräsidium kommt wenig Unterstützung. Vor kurzem hätten die Verantwortlichen sogar untersagt, die Desinfektionsspender nachzufüllen. Angeblich aus Kostengründen. Es fehle an medizinischer Kleidung wie Handschuhen und Atemschutzmasken aller Klassen. Sicher werden diese aufgrund des bis dahin weltweiten Mangels nicht zur Verfügung gestellt.

„Doch viele der Bewohner können diese einfachen Masken selbst nähen, die Fähigkeiten haben sie“, sagt der Mann mit dem Hut. Aus Gründen der Sicherheit sei dies jedoch verboten.

„Die Menschen könnten sich ja mit den Nähmaschinen verletzen oder sich umbringen“, schüttelt er den Kopf.

Für alle sehr belastend

Vor allem für Menschen, die wegen ihrer Flucht schlimme Traumata erlitten haben, ist die aktuelle Situation belastend. Traumatisierungen werden durch die Umstände, wie sie gerade in der Unterkunft vorherrschen, oft noch verstärkt. „Um die Lage zu entschärfen, hatten wir beschlossen, die Bewohner außerhalb des Gebäudes zu beschäftigen", sagt der Mann mit dem Hut. „Sport ist in solchen Situationen immer gut. Also wollten wir ihnen anbieten, auf dem Hof Fußball zu spielen. Wir drehen ja sonst alle noch durch." Auch dies musste erst der Betreiber der Unterkunft genehmigen. Dieser erlaubte das nicht, weil zu dem Zeitpunkt ein Treffen von mehr als zwei Personen in der Öffentlichkeit nicht erlaubt war – sie leben aber zu viert in einem engen Zimmer zusammen. Es kam noch schlimmer: Alle Angebote, die helfen, den Alltag der Bewohner zu strukturieren, wurden eingestellt.

„Die Stimmung ist gerade gedrückt und angespannt. Und dann wundern wir uns, wenn die Menschen aggressiv werden?

Die Bewohner dürfen nicht arbeiten, sie sitzen nur in ihren Zimmern und sind eingesperrt", bemängelt der Sozialarbeiter.

Ich frage ihn, wie hoch die Wahrscheinlichkeit ist, dass es in der Unterkunft zu einer Infektion kommen kann, schließlich sind die Bewohner ja die meiste Zeit unter sich. „Einige der Menschen haben auch außerhalb der Einrichtung Freunde und Bekannte, die sie treffen", sagt der Mann mit dem Hut. Viel schlimmer sei es jedoch, dass die Einrichtungen noch immer Flüchtende untereinander verteilen. Dabei handelt es sich oft um Gruppen von 20 bis 25 Personen. „Menschen, die neu zu uns kommen, werden nicht auf Covid-19 getestet", sagt der Sozialarbeiter. „Sie werden auch nicht die ersten zwei Wochen getrennt untergebracht. „Wir nehmen ein enormes Ansteckungsrisiko in Kauf."

Ist nur eine Person infiziert, breitet sich das Virus in dieser Enge rasend schnell aus. Wie kann es erlaubt sein, Menschen unter diesen Lebensbedingungen einzusperren? Warum wird gerade jetzt die Belegungsdichte nicht einfach reduziert? Er findet keine Antworten darauf.

Fehlendes Management

In der Unterkunft fehlt es an Möglichkeiten, Betroffene oder Menschen mit Verdacht auf Corona zu isolieren. „Es gebe zwar vereinzelt Isolationszimmer, aber wir können die Bewohner doch nicht einfach in die Zimmer sperren", sagt der Mann mit dem Hut. Das fängt schon damit an, dass sie ihre Wäsche waschen müssen. Die Waschmaschinen befinden sich im Keller. Dazu müssen die Bewohner über den Flur und treffen dort natürlich auf andere Menschen. „Wir brauchen eine komplette Etage, allein schon, um auf Verdachtsfälle reagieren zu können. „Es läuft im Moment zu viel schief", bemängelt der Sozialarbeiter.

Niemand kontrolliert in der Einrichtung, ob die Regeln zum Schutz vor Covid-19 eingehalten werden. Regelmäßige Besuche durch Vertreter des Gesundheitsamts? Fehlanzeige. „Warum werden die Hygienestandards nicht überwacht?", fragt er. „Wir wollen Schutzmasken, bekommen aber keine.

Und wir wollen eine ärztliche Untersuchung mit einem Test, um Klarheit zu bekommen, damit die gesunden Leute wieder normal das Gebäude verlassen können." Der Mann mit dem Hut hat sich an das Regierungspräsidium gewendet. „Es ist unsere Pflicht als Betreuer, diese Menschen zu schützen. Wie wir hier mit den Flüchtenden umgehen, ist grausam."

Klaus Schöffler

Es geht um unsere Haltung

Wir kommen auf das Thema Gewalt in den Unterkünften zu sprechen. Natürlich kommt es immer wieder unter den Bewohnern zu Auseinandersetzungen. Die Lage sei oft angespannt in der Erstaufnahme. Das liegt natürlich auch an den unterschiedlichen Nationalitäten und Glaubensrichtungen der Bewohner. Ich frage ihn, ob die Menschen besser getrennt nach ihrer Herkunft oder Religion untergebracht werden sollten. „Das habe ich vor kurzem einen arabisch stämmigen Mann gefragt", erzählt er mir. Und der sagte zu ihm: „Nein, auf gar keinen Fall.

Wir wollen gemischt bleiben. Ich würde nicht klar kommen, wenn ich nur mit Menschen aus meiner Heimat zusammen wäre." Das Hauptproblem liege ganz woanders. Es sind die Zustände in den Erstaufnahmen und die beengten Wohnmöglichkeiten.

„Wenn Menschen so untergebracht werden, kann es schnell zu Konflikten und Auseinandersetzungen kommen", hat der Mann mit dem Hut die Erfahrung gemacht.

Doch Gewalt gibt es nicht nur unter den Schutzsuchenden. Gewalt kann auch vom Sicherheitspersonal ausgehen. In der Einrichtung, in der der Sozialarbeiter gerade arbeitet, hat er das noch nicht erlebt. Davor schon.

„Das sind häufig Machtspiele der Sicherheits-Leute", vermutet er. Er hat schon einige Male an deren charakterliche Eignung gezweifelt. Sie sind meist schlecht ausgebildet und werden oft aus Milieus rekrutiert, wo sie mit Gewalt zu tun hatten. Als Wachpersonal hätten sie Macht über andere, sie könnten die Bewohner kontrollieren, schikanieren und bestrafen.

Schauen die Vorgesetzten auch noch weg, haben sie freie Hand. Denn es gäbe Betreiber, die Gewalt ihrer Sicherheitskräfte dulden oder gar fördern würden.

„Natürlich sind viele nicht so“, weiß der Mann mit dem Hut aus eigener Erfahrung. „Aber es gibt ein paar schwarze Schafe.“

Mögliche Gründe, Gewalt anzuwenden, finden sich für die Mitarbeiter immer wieder. Ein Beispiel sei das Rauchen in den Zimmern. Das sei nicht erlaubt. „In den Gebäuden gibt es kleine Wohnungen, die aus zwei Zimmern und einem Bad bestehen“, beschreibt der Sozialarbeiter. Darin wohnen meist vier Personen. Das Bad ist ein perfekter Platz, um zusammenzusitzen und zu rauchen“, hat er festgestellt.

Was, wenn den Bewohnern diese Möglichkeit genommen wird? Sie dürfen auch nicht selbst kochen. „Wenn du jeden Tag Makkaroni essen musst, hängt dir das irgendwann zum Hals raus“, sagt er. Also würden einige Menschen sich diese Möglichkeit schaffen, ihr Essen eben selbst zuzubereiten.

In anderen Einrichtungen, in denen er gearbeitet hat, erlebte er, wie Mitarbeiter des Sicherheitsdienstes in die Zimmer stürmten und brutal auf die Menschen einprügelten, wenn es zu solchen Regelverstößen kam. „Sie üben ihre Macht aus, statt die Flüchtenden einfach nur auf ihr Fehlverhalten aufmerksam zu machen und ihnen zu sagen, dass die Entscheidung von oben kommt, und sie selbst nicht diese Gesetze gemacht haben."

Klaus Schöffler

Reden ist wichtig

„Vor einigen Tagen kam ein Bewohner in ein Isolationszimmer. Es bestand der Verdacht, dass er sich mit Covid-19 infiziert hatte“, erzählt er. Als der Sozialarbeiter an seinem Zimmer vorbei kam, stürzte der Bewohner heraus, er war wütend, weil er keine Internetverbindung hatte. Der Mann mit dem Hut schickte ihn sofort zurück auf sein Zimmer. „Er hatte nicht mal eine Maske auf“, sagt er. „In einer anderen Unterkunft wäre er bestimmt von Sicherheitsleuten unsanft zu Recht gewiesen worden.“

Als der Bewohner nach einigen Tagen aus der Isolation entlassen wurde, entschuldigte sich der Mann mit dem Hut bei ihm. „Ich musste dich auf dein Zimmer schicken, aber natürlich verstand ich deine Gründe.“ Doch auch der Bewohner entschuldigte sich bei ihm, er hätte schließlich einen Fehler gemacht. „Wir erreichen mit Reden so viel mehr“, sagt der Betreuer. „Das sind Menschen wie du und ich. Es ist wichtig, miteinander zu reden.“

Es geht um die Haltung der Menschen zueinander. Wichtig sei es, gegenseitiges Verständnis aufzubringen. „Wir dürfen die Flüchtenden nicht kleinhalten, wir müssen sie fördern“, sagt er. Der Sozialarbeiter hatte eine Idee, die auch umgesetzt wurde.

Die Betreuer bereiteten Formulare in den jeweiligen Landessprachen der Bewohner vor. Die Menschen konnten Fragen zu ihrer schulischen und beruflichen Vorbildung beantworten, aber auch zu Hobbys oder speziellen Fertigkeiten und Kenntnissen.

„Wenn ich weiß, dass der Mann vor mir ein gelernter Tischler ist, dann suche ich ihm eine handwerkliche Beschäftigung mit Holz“, erläutert der Mann mit dem Hut. „Nur so können wir auf die Menschen eingehen und sie fördern.“

Mit einigen der Bewohner bereitete er einen Raum für handwerkliche Arbeiten in der Unterkunft vor.

Sie nummerierten alle Werkzeuge, die sicher in verschlossenen Schränken untergebracht wurden.

Die Schutzsuchenden dekorierten den Raum, bemalten die Wände. Als ein Mitarbeiter vom Regierungspräsidium kam, verstand dieser das nicht. „Wir wollen die Bewohner in ihren handwerklichen Fähigkeiten fördern", sagte der Mann mit dem Hut zu ihm. Der Mitarbeiter fragte nur „warum?" Damit die Menschen etwas zu tun hätten, und nicht nur in ihren Zimmern sitzen würden. Mit dieser Antwort gab sich der Beamte zufrieden.

Die Umstände haben sie dazu gezwungen

Der Betreuer berichtet mir, wie viele Millionen Steuergelder die Einrichtung, in der er arbeitet, jeden Monat kostet. Würde das Geld in Projekte in den Heimatländern der Geflüchteten investiert werden, würden auch weniger Menschen fliehen, davon ist er überzeugt. Die Geflüchteten wären nicht gezwungen, unter den oft schlechten Lebensbedingungen hier in Deutschland zu leben.

Die Menschen sind nicht hier, weil sie in ihrer Heimat schlimme Verbrechen begangen haben. Viele sind vor dem Krieg in ihrem Land geflohen, wegen den politischen Verhältnissen oder wegen Armut, Perspektivlosigkeit, Zwangsprostitution, Verfolgung aufgrund von Sexualität, häuslicher Gewalt oder vor dem grausamen Ritual der Genitalverstümmelung. „Jeder hat seine Geschichte, und jede Geschichte ist anders.

Wir müssen lernen, diese Menschen zu verstehen", sagt der Mann mit dem Hut.

„Ich habe noch keinen Geflüchteten aus dem Senegal oder aus Nigeria getroffen, der nicht lieber in seiner Heimat geblieben wäre. Keiner verlässt freiwillig seine Familie, seine Freunde und seine vertraute Umgebung. Die Umstände haben sie dazu gezwungen. Die meisten lieben ihr Land."

Kapitel 17: Adrijana und die Sinti und Roma

„In der Heimat nicht zuhause"

Bei meinen Recherchen habe ich nicht nur Schutzsuchende aus Afrika getroffen. Auch in Europa gibt es Länder, aus denen die Menschen fliehen, um woanders glücklich zu werden oder zumindest ein lebenswerteres Leben zu führen. Dazu gehört der Balkan. Ich bekomme die Nummer einer Dolmetscherin, sie heißt Adrijana. Sie ist Serbin und möchte über ihre Landsleute reden. Ich war noch nie in Serbien, und natürlich frage ich mich, was sich die Menschen in Deutschland erhoffen.

Serbien gilt als sicheres Heimatland, sie werden politisch nicht verfolgt, es drohen weder willkürliche Gefängnisaufenthalte noch Folter. Ich setze mich in einem Park auf eine Bank und rufe sie an.

Wir reden über das Leben von Sinti und Roma, warum viele von ihnen aus Serbien flüchten und über eine Mutter, die mit ihrer Familie zurück musste, obwohl sie eigentlich gar nicht durfte. Sie war hochschwanger.

Die Ärmsten der Armen

„Serbien ist sehr arm. Etwa 20 Prozent der Bevölkerung leben unter der Armutsgrenze“, beginnt Adrijana. „Und zu den Ärmsten der Armen gehören die Sinti und Roma.“ Wenn ich darüber nachdenke, weiß ich nicht viel über sie. Ich hatte selbst einmal für eine kurze Zeit eine Bekannte namens Melanie, die zu dieser Volksgruppe gehörte. Über ihre Herkunft haben wir uns damals wenig unterhalten. Ich suche im Internet und finde jede Menge Informationen.[15]

So stammen die Vorfahren der heute in Europa lebenden Sinti und Roma ursprünglich aus Indien oder dem heutigen Pakistan.

---

[15] http://www.sinti-roma-sh.de/wer-sind-sinti-und-roma/

Sie wanderten seit dem 8. bis 10. Jahrhundert über Persien, Kleinasien oder den Kaukasus (Armenien), schließlich im 13. und 14. Jahrhundert über Griechenland und den Balkan nach Mittel-, West- und Nordeuropa und von dort aus auch nach Amerika. Möglicherweise gab es einen weiteren Migrationsweg über Nordafrika nach Spanien. Ihnen wurde lange ein Wandertrieb unterstellt. Tatsächlich waren sie aber durch Kriege, Verfolgung, Vertreibung oder aus wirtschaftlicher Not zu dieser Wanderung gezwungen. Bezogen auf Mitteleuropa hält das wohl noch immer an. In Europa waren Roma „neue Fremde". Viele würden durch sämtliche Länder Europas reisen, sagte mir Frieda, die in der Erstaufnahme immer wieder Menschen aus dem Balkan betreut, darunter auch viele Sinti und Roma. „Sie verbringen oft einige Jahre in Frankreich, Spanien und den Niederlanden. Schlimm sei dies vor allem für die Kinder, die an keinem Ort richtig Fuß fassen könnten", sagt sie.

Sinti und Roma unterscheiden sich bis heute von den Einheimischen im Aussehen, in ihren kulturellen Traditionen und durch die eigene Sprache: das Romani. Hier in Deutschland gibt es die dubiosen Clans, die immer wieder mit dunklen Geschäften und wenig Gesetzestreue in Verbindung gebracht werden.

„Sinti und Roma werden in Serbien nicht gut behandelt. Aber nicht vom Staat“, betont Adrijana. „Sie hätten die gleichen Rechte wie alle anderen Menschen dort auch." Allerdings seien sie Gewalt von Rechten ausgesetzt, sie würden diskriminiert und ausgegrenzt. Mit ihrer dunkleren Hautfarbe sehen sie anders aus und viele sprechen immer noch mit Akzent. Dass sie Roma sind, merken die Menschen sofort. In Serbien hätten sie deshalb auch so gut wie keine Chance, Arbeit zu finden.

Adrijana berichtet von einer Familie mit zwei Kindern, die vor drei Jahren nach Deutschland kam. „Als ich die Vier das erste Mal traf, habe ich sie sofort in mein Herz geschlossen“, sagt sie.

Die Mutter wollte nicht, dass ihre Kinder in ihrem Heimatland aufwachsen.

Sie hatten keine Perspektive und sie wusste nicht, wie sie ihre Kinder ernähren sollte.

Das Grundrecht, ein menschenwürdiges Dach über dem Kopf zu haben, das in der UN-Deklaration der Menschenrechte im Artikel 22 verzeichnet ist, wird den meisten Roma in Serbien noch immer verwehrt. Adrijana erzählt mir, dass am Rande der Städte und Dörfer Hunderttausende von ihnen leben. Die wenigsten besitzen Häuser, meist leben sie in zusammengezimmerten Hütten aus Wellblech, Spanplatten und Schrott, die dicht nebeneinander gebaut sind. Statt einer Heizung zünden sie im Winter Feuer vor den Hütten an, um die eisige Kälte zu vertreiben.

In den meisten Siedlungen fehlen Strom und Wasser, Straßen sowieso. „Auch auf das Grundrecht auf medizinische Hilfe müssen viele Roma in Serbien verzichten“, beschreibt Adrijana.

„Denn vor allem diejenigen, die keinerlei Dokumente besitzen, sind von der staatlichen Gesundheitsvorsorge ausgeschlossen – und das sind eben oft die Roma.“

Klaus Schöffler

Chancen auf ein besseres Leben

Die Erstaufnahme, in der die Familie untergebracht war, sollte bald schließen. Die Familie hatte bereits ihren Bescheid erhalten, dass sie Deutschland verlassen müssen. „Sie sind von Deutschland nach Frankreich geflohen, wie viele andere Roma auch", erzählt mir die Übersetzerin. Sie wollten damit ihre Chancen auf ein besseres Leben erhöhen. Nach etwa acht Monaten wurden sie nach Deutschland überführt. „Das ist das Dublin-Verfahren“, erklärt mir Adrijana. „Die deutschen Behörden fahnden nach denen, die in Deutschland Asyl beantragt, das Land dann aber doch verlassen haben.“

Als sie wieder in Deutschland ankamen, war es November. Im Januar sei die Frau schwanger geworden. Sie kam in medizinische Behandlung. Alle vier Wochen sollte ihr Blut untersucht werden. Verändern sich die Blutwerte, besteht Gefahr für das Kind. Dann muss das Ungeborene im Uterus eine Bluttransfusion erhalten. Die zuständige Ärztin hatte dies in einem Schreiben bestätigt.

„Bestätigt hatte sie darin auch den Entbindungstermin, und geschrieben, dass sie unter keinen Umständen reisen darf, das sei zu gefährlich. Sie sollte das Kind in einem Krankenhaus bekommen, am besten hier in Deutschland", berichtet Adrijana.

Der Entbindungstermin lag nur wenige Tage vor dem Zeitpunkt, an dem der Mutterschutz eingesetzt hätte. Es reichte nicht. Adrijana ist immer noch fassungslos und fragt sich, warum man sie überhaupt nach Deutschland rückgeführt hätte, wenn die deutschen Behörden sie eh zurück in ihre Heimat schicken wollten? Wer das beschließt, frage ich sie. Alle Entscheidungen würde das Regierungspräsidium übernehmen. Die Beamten müssen Bescheid wissen, gerade bei einer Risikoschwangerschaft. Wird zum Beispiel ein Bewohner krank und muss operiert werden, wird sofort die staatliche Einrichtung informiert.

Der Mutter sei es in den vergangenen Tagen nicht gut gegangen, sie hatte Beschwerden und ihre Blutwerte hätten sich verändert.

„Da muss sie in der 33. Schwangerschaftswoche gewesen sein", vermutet die Dolmetscherin. „Sie hätte dringend zum Arzt gehen sollen."

Kaum eine Chance zu bleiben

Roma-Flüchtende aus Serbien haben so gut wie keine Chance, in Deutschland Asyl zu bekommen. Denn ihre Heimat gilt als „sicheres Herkunftsland“. Laut des Institut für Arbeitsmarkt- und Berufsforschung (IAB) erhalten Asylbewerber vom Balkan äußerst selten den Asylstatus. Die Anerkennungsquote schwankt demnach zwischen 0,3 Prozent bei Menschen aus Serbien und 2,6 Prozent aus Albanien.[16]

Zum Vergleich: Bei Asylbewerbern aus Syrien und Eritrea liegt die Quote bei nahezu 100 Prozent. Deutschland lehnt die Asylanträge fast aller Flüchtlinge aus Albanien und den Staaten des ehemaligen Jugoslawiens ab – „das bedeutet nicht, dass diese Menschen kein Recht auf Asyl haben“, erklärt Frieda.

---

[16] https://www.iab-forum.de/westbalkanregelung-arbeit-statt-asyl/

Klaus Schöffler

„Andere europäische Staaten nehmen sehr viele Flüchtlinge aus dieser Region auf, da dort das wirtschaftliche Elend in Albanien, der drohende Bürgerkrieg in Mazedonien oder die Konflikte im Kosovo durchaus als Asylgrund anerkannt werden.“

Hoffnung auf Heilung

Taubstumm oder verkrüppelte Beine – viele Menschen flüchten auch nach Deutschland in der Hoffnung, sie werden geheilt. Doch das Gesetz besagt, dass nur akute oder lebensbedrohliche Krankheiten behandelt werden, zum Beispiel ein Schlaganfall oder Nierenversagen. Das gleiche gilt für eine Entbindung. Selbst bei akuten Zahnschmerzen werden ihnen die Zähne zwar gezogen, sie bekommen jedoch keine neuen, berichtet mir Frieda, die in der Erstaufnahme schon viele solcher Fälle erlebt hat. Sie erinnert sich an einen Eritreer, der in seiner Heimat so misshandelt wurde, dass er kaum noch genug Zähne hatte, um essen zu können. Neue bekam er nicht.

Ein Bewohner der Erstaufnahme hatte einen Leistenbruch, und dadurch starke Schmerzen. Weil dies nicht lebensbedrohlich für ihn war, wurde er auch nicht behandelt.

Adrijana erzählt von einer Familie aus Serbien. Die Tochter war 20 Jahre alt, aber nur etwa so groß wie ein acht-jähriges Mädchen. Sie saß im Rollstuhl, war von Geburt an blind und litt unter Nierenversagen. Sie musste jeden zweiten Tag ins Dialysezentrum. Die Ärzte sagten, dass sie so ein komplexes Nierenproblem bislang nicht haben behandeln müssen. Während das Personal in der Klinik streng auf die richtige Ernährung ihrer Patientin achtete, war das im Aufnahmezentrum anders. „Bei Dialyse-Patienten muss das Küchenpersonal unter anderem auf den Zuckergehalt im Essen achten", sagt Adrijana. Sie erinnert sich an ein Erlebnis mit einer Köchin, der es scheinbar egal war, was die junge Frau zu sich nahm. Die Dolmetscherin bekam dies mit und machte die Mitarbeiterin auf die Ernährungsliste aufmerksam.

Die Antwort der Köchin war abfällig, erinnert sich Adrijana, „warum soll ich mir denn so viel Mühe machen wegen dieser Analphabetin", fragt diese genervt.

Adrijana wandte sich an die zuständige Ärztin mit der Bitte, einen Brief an das Regierungspräsidium zu schreiben, dass die falsche Ernährung bedrohlich für die junge Frau werden könne, und dass das Regierungspräsidium die Verantwortung für sie trage. So hätte sie ohne spezielles Essen ins Koma fallen können. „Wegen falscher Ernährung war das Mädchen einen Monat in der Klinik bis ihre Blutwerte wieder in Ordnung waren", erinnert sich die Dolmetscherin.

Einige Tage später rief ein Mitarbeiter des Regierungspräsidiums in der Erstaufnahme an und sagte, dass er davon nichts wusste. Infolgedessen bekam die Familie einen neuen Wohnplatz. Hatte sie sich vorher eine Küche mit einer anderen Familie geteilt, konnten sie nun für sich allein kochen. Die Tochter wird aktuell in einem Dialysezentrum betreut. Wenige Tage ohne diese Blutwäsche würden sie ihr Leben kosten, ist sich Adrijana sicher.

Die Eltern erhielten bereits eine Ablehnung ihres Asylantrags, wollen aber wegen ihrer Tochter in Deutschland bleiben. Deren Verfahren läuft noch. „Sie können die Familie zwar zurückschicken, müssen aber sicherstellen, dass die Tochter in ihrer Heimat ausreichend medizinisch versorgt wird – und das ist schwer", sagt Adrijana. Der 25-jährige Bruder, der damals mit nach Deutschland kam, wurde nach fünf Monaten abgeschoben. Adrijana hat das sehr betroffen gemacht. Da sie selbst Serbin ist, kennt sie den Zusammenhalt der Familien in ihrem Heimatland.

Und die hochschwangere Mutter mit ihrer Familie? Am Tag, als sie abgeschoben wurde, wartete die Dolmetscherin an der Bushaltestelle vergebens auf sie. Sie wusste nicht, wie es mit ihr weiterging. Was sie wusste: In einer Stadt, etwa 100 Kilometer von Belgrad entfernt, hatte die Familie ein Haus, das wegen ihrer Flucht seit drei Jahren leer stand. Die nächstgrößere Stadt war etwa 30 Kilometer entfernt. Sie hatten kein Auto. Was tun, wenn die Wehen einsetzen?

„Kranke Menschen verfügen nach ihrer Rückkehr über keine medizinische Dokumentation der bisherigen Diagnose und Behandlung. Für eine hochschwangere Frau sind das gefährliche Aussichten“, sagt sie.

Für Adrijana, die täglich mit Menschen aus ihrer alten Heimat zu tun hat, sind Abschiebungen schlimme Erlebnisse, gerade wenn diese Menschen ihr nahestehen. Sie hat in ihrem beruflichen Alltag schon zu viele Abschiebungen erlebt.

Nachwort

Ich habe bei den Gesprächen sehr offene und freundliche Menschen kennengelernt, einige von ihnen haben mich als Freund oder auch als Bruder bezeichnet. Sie haben mir von ihren Erlebnissen berichtet, die ich niemals teilen möchte. Einigen von ihnen merkte ich ihre schlimmen Erfahrungen nicht an. Sie wirkten glücklich, in Deutschland sein zu dürfen. Andere dagegen litten sehr unter dem, was sie erlebt hatten. „Gerade Frauen sind traumatisiert. Sie haben oft die schlimmsten Erfahrungen gemacht, Erfahrungen, die sich kaum jemand vorstellen mag“, sagt Frieda. Sie wurden beschnitten, in die Heirat mit einem Mann gezwungen, den sie nicht liebten, erlebten Gewalt in der Ehe, wurden in die Prostitution getrieben oder kamen in die Hände von Menschenhändlern.

Vor allem Frauen aus Nigeria werden häufig mit Versprechungen nach Europa gelockt. Sie könnten dort als Hausmädchen oder Putzfrau arbeiten und es wird ihnen ein besseres Leben versprochen.

Die Menschenhändler zwingen sie dann häufig zur Prostitution und behalten das Geld. Deswegen wollte Frieda, dass ich noch mehr Geschichten über Frauen schreibe. Doch die Gefahr war zu groß, dass ihre Erlebnisse im Gespräch wieder hochkommen und es zu einem erneuten Erleben kommt.

Die jungen Männer haben meist andere Sorgen. Als ich mich mit Melisa, der somalischen Dolmetscherin, unterhalte, beschreibt sie mir deren Sorgen. „Sie wollen in Frieden leben, heiraten und Kinder bekommen, aber gleichzeitig haben sie Angst davor, eine Familie nicht ernähren zu können. Wie auch, ohne Arbeit und ohne Geld?

Und wie wollen sie so eine Frau finden, die bei ihnen bleibt? Das frustriert sehr viele von ihnen in den Erstaufnahmen."

Die Flüchtenden bekommen in der Unterkunft, in der Frieda arbeitet, ein Taschengeld von ungefähr 120 Euro im Monat, dazu kommen vier Euro am Tag für Essen. Den Menschen wird es immer schwerer gemacht.

Haben sie ein Kind, bekommen sie 40 Euro zusätzlich. Windeln waren lange Zeit frei, das hätte sich jedoch geändert, die Windeln müssen die Menschen oft von ihrem wenigen Taschengeld selbst bezahlen.

Mit einigen der Geflüchteten, mit denen ich gesprochen habe, bin ich noch immer in Kontakt. Wir schreiben über verschiedene Messenger-Dienste und treffen uns immer mal wieder. So ist zum Beispiel mit Abdou, Mohamed oder Jamal. Noch sind sie in Deutschland und ich hoffe, sie finden ein neues und glückliches Leben hier. Ich wünsche es ihnen sehr. Sie haben es verdient.

Die Namen habe ich übrigens geändert. Einige der Flüchtenden kamen direkt mit dem Wunsch auf mich zu, bei anderen hat es mir Frieda geraten, denn manche der Verfahren der Schutzsuchenden sind noch nicht abgeschlossen, auch haben sie Angst, unter anderem von Familienmitgliedern oder von Landsleuten gefunden zu werden und vor dem, was ihnen dann droht. Deswegen erwähnte ich auch keine Orte. Selbst Frieda heißt eigentlich anders.

Wie es den Geflüchteten heute geht? Manche sind glücklich, weil sie sich sicher fühlen und noch Träume haben. Ob sie diese erfüllen können, steht in den Sternen. Andere haben bereits die Hoffnung aufgegeben. Das lange Warten in den Erstaufnahmen hat sie oft mürbe gemacht. Alle sind sie Ankommende, zumindest vorerst.

Danke

Ich danke Dir Frieda. Auch wenn du eigentlich anders heißt, Du weißt, dass ich Dich meine. Ohne Deine Idee, Deine Unterstützung, Fachkenntnisse und unseren regelmäßigen Austausch, wäre das Buch wohl nie zustande gekommen.

Melisa, auch Du heißt im wahren Leben anders. Du hast Dich bereit erklärt, Dich an diesem heißen Sommermorgen mit Abdou und mir zu treffen, um mir seine Worte zu übersetzen. Ohne Dich wäre diese bewegende Geschichte nie entstanden.

Bei manchen Gesprächen hatte ich ein Aufnahmegerät dabei. Ich wollte vermeiden, dass mir wichtige Details entgehen. Rella, Du hast mir einige der Gespräche übersetzt. Ohne Dich wären ein paar der Geschichten niemals so geworden, wie ich sie nun geschrieben habe.

Das, was auf dem vormals leeren Blatt steht, musste alles natürlich zunächst lektoriert werden.

Das war sicher nicht immer einfach. Vielen Dank dafür Dahi.

Als das Manuskript stand, war ich mir sehr unsicher, ob es auch begeistern kann und ob es überhaupt gefällt. Ariane, Du hast während deines Neuseelandaufenthalts, als Du gezwungen warst, wegen des Lockdowns im Hotelzimmer zu bleiben, das komplette Manuskript gelesen und mir ein erstes Feedback und viel Zuspruch gegeben. Danke dafür.

Vielen Dank auch an Adrijana und den Mann mit dem Hut, auch Ihr heißt eigentlich anders. Ihr habt mir von euren Erlebnissen berichtet und mich unterstützt.

Und ich danke allen Lesern und Interessierten und Menschen, die gespendet haben oder noch spenden möchten.

Mehr zum Thema finden Sie unter:

www.geschichtenberichter.de

Geben Sie bitte den Verwendungszweck an: Windeln, Familie, Allgemein verwendbar zur Hilfe

Herzlichst, Klaus Schöffler

Literaturverzeichnis

DW Made for minds

www.dw.com/de/glossar-flüchtling-migrant-ausländer/a-49844796

Stand: 31.07.2021

UNO Flüchtlingshilfe/Deutschland für den UNHCR

www.uno-fluechtlingshilfe.de/hilfe-weltweit/mittelmeer/

Stand 31.07.2021

SPIEGEL

https://www.spiegel.de/politik/ausland/somalia-sieben-tote-nach-anschlag-in-mogadischu-buergermeister-schwer-verletzt-a-1278862.html

Stand 20.08.2019

Zeit.de

www.zeit.de/gesellschaft/zeitgeschehen/2019-12/somalia-mogadischu-islamisten-terrorismus-al-shabaab

Stand 31.07.2021

Human Rights Watch

www.hrw.org/news/2018/01/14/somalia-al-shabab-demanding-children

Stand 31.07.2021

DW Made for Minds

www.dw.com/de/das-leid-der-flüchtlinge-in-libyen/a-49599031

Stand 31.07.2021

Amnesty International

www.amnesty.de/informieren/amnesty-journal/libyen-flucht-ins-gefaengnis

Stand 31.07.2021

Welt

www.welt.de/politik/deutschland/article161611324/Auswaertiges-Amt-kritisiert-KZ-aehnliche-Verhaeltnisse.html

Stand 31.07.2021

SPIEGEL

https://magazin.spiegel.de/SP/2019/35/165579731/index.html

Stand 31.07.2021

Amnesty International

www.amnesty.de/jahresbericht/2017/togo

Stand 31.07.2021

Schattenblick

www.schattenblick.de/infopool/politik/ausland/paaf1449.html

Stand 31.07.2021

Weser Kurier

www.weser-kurier.de/deutschland-welt/deutschland-welt-politik_artikel,-homosexualitaet-seit-25-jahren-in-deutschland-straffrei-_arid,1836574.html

Stand 31.07.2021

Queer.de

www.queer.de/detail.php?article_id=32023

Stand 31.07.2021

Wienerin.at

https://wienerin.at/nigeria-verbietet-genital-verstummelung-frauen

Stand 31.07.2021

Verband Deutscher Sinti und Roma e.V.

www.sinti-roma-sh.de/wer-sind-sinti-und-roma/

Stand 31.07.2021

IAB-Forum

www.iab-forum.de/westbalkanregelung-arbeit-statt-asyl/

Stand 31.07.2021

Cover & Buchgestaltung

By DeinBook2Go

Amazon KDP Agentur für Design

– Bücher –

Marketing – SEO

Haftungsausschluss

Die Umsetzung aller enthaltenen Informationen, Anleitungen und Strategien dieses Buchs erfolgt auf eigenes Risiko. Für etwaige Schäden jeglicher Art kann der Autor aus keinem Rechtsgrund eine Haftung übernehmen. Für Schäden materieller oder ideeller Art, die durch die Nutzung oder Nichtnutzung der Informationen bzw. durch die Nutzung fehlerhafter und/oder unvollständiger Informationen verursacht wurden, sind Haftungsansprüche gegen den Autor grundsätzlich ausgeschlossen. Ausgeschlossen sind daher auch jegliche Rechts- und Schadensersatzansprüche. Dieses Werk wurde mit größter Sorgfalt nach bestem Wissen und Gewissen erarbeitet und niedergeschrieben. Für die Aktualität, Vollständigkeit und Qualität der Informationen übernimmt der Autor jedoch keinerlei Gewähr. Auch können Druckfehler und Falschinformationen nicht vollständig ausgeschlossen werden. Für fehlerhafte Angaben vom Autor können keine juristische Verantwortung sowie Haftung in irgendeiner Form übernommen werden.

Urheberrecht

Impressum

1. Auflage

Bilder: E.E., Pixabay

Covergestaltung & Buchsatz: DeinBook2Go

Kontakt: Klaus Schöffler

ISBN: 9783754337479

Mail: Klaus.schoeffler@gmx.de

Homepage: www.geschichtenberichter.de

Kontakt Buchdesign & Format:

✉ : deinbook2go@gmail.com

☎: 0171 7030337

Book Design & Cover

by DeinBook2Go | Literatur

– Design – Marketing